개미지옥에 빠진
크리에이터를 위한
회사생활 안내서

개미지옥에 빠진
크리에이터를 위한
회사생활 안내서

1판 1쇄 인쇄 2020년 3월 23일
1판 1쇄 발행 2020년 4월 01일

지은이 폴 우즈 **옮긴이** 김주리

발행인 김기중 ┃ **주간** 신선영 ┃ **편집** 양희우, 고은희, 김우영 ┃ **마케팅** 김태윤, 김은비 ┃ **경영지원** 홍운선

펴낸곳 도서출판 더숲 ┃ **주소** 서울시 마포구 동교로 150, 7층(04030)
전화 02-3141-8301 ┃ **팩스** 02-3141-8303 ┃ **이메일** info@theforestbook.co.kr
페이스북·인스타그램 @theforestbook ┃ **출판신고** 2009년 3월 30일 제2009-000062호

ISBN 979-11-90357-19-7 (03320)

※ 이 책은 도서출판 더숲이 저작권자와의 계약에 따라 발행한 것이므로
　본사의 서면 허락 없이는 어떠한 형태나 수단으로도 이 책의 내용을 이용하지 못합니다.
※ 잘못된 책은 구입하신 곳에서 바꾸어드립니다.
※ 책값은 뒤표지에 있습니다.
※ 더숲은 독자 여러분의 원고투고를 기다리고 있습니다. 출판하고 싶은 원고가 있으신 분은
　info@theforestbook.co.kr로 기획 의도와 간단한 개요를 연락처와 함께 보내주시기 바랍니다.

이 도서의 국립중앙도서관 출판예정도서목록(CIP)은 서지정보유통지원시스템 홈페이지(http://seoji.nl.go.kr)와 국가자료공동목록시스템(http://www.nl.go.kr/kolisnet)에서 이용하실 수 있습니다. (CIP제어번호: CIP202010743)

개미지옥에 빠진
크리에이터를 위한
회사생활 안내서

HOW TO DO GREAT WORK
WITHOUT BEING AN ASSHOLE

폴 우즈 지음 | 김주리 옮김

더숲

차례

사람은 쉽게 바뀌지 않는다

폴이 내게 책의 추천사를 써달라고 부탁했을 때 새삼스럽게 우리 사이를 돌아봤다. 우리가 서로를 친구처럼 아끼지 않았다면, 폴이 내게 그런 부탁을 할 리도 없고 나 역시 이 글을 쓸 일이 없었을 것이다. 결국 우리는 직급 간의 커다란 장벽을 넘어선 셈이다.

지난 50여 년 동안(슬프게도 내 나이를 짐작할 수 있을 것이다) 나는 수백 명의 동료와 함께 일했다. 대부분은 내가 직접 고용한 사람들이었다. 처음에는 인지하지 못했지만 시간이 흐르면서 내가 사람을 뽑을 때 줄곧 고집했던 한 가지 확고한 기준이 있다는 사실을 알게 되었다. 인간적으로 호감이 가는 사람들을 선택했다는 점이다.

누군가를 채용하기 전에 항상 이렇게 자문했다. 이 사람과 함께 하루에 8~10시간을 같은 공간에서 보내고 싶은가? 다른 팀원들의 생각은 어떨까? 사실 대부분의 디자이너는 몇 주면 작업에 필요한 많은 기술을 습득한다. 프로젝트별로 적합한 타이포그래피를 찾거나(물론 때로는 몇 년이 소요되기도 한다), 클린 코드를 작성하거나, 풍미 좋은 에스프레소를 내리는 실력도 마찬가지다. 하지만 어떤 노력을 해도 배울 수 없는 기술이 있다. 바로 비인격적이고 꼰대 같은 동료나 상사가 되는 것이다. 타

고난 꼰대들을 변화시키는 것은 여간 어려운 일이 아니다.

내가 직접 채용했던 직원들 가운데 가장 뛰어난 인재들은 업계에서 보기 드문 특이한 이력을 보유한 이들이었다. 목수, 요리사, 군인, 역사학자 등 출신이 천차만별이었다. 그들은 관련 업계에서 순탄하게 이력을 쌓아온 인물들은 아니었다. 나는 자격증 시험에 합격하는 것보다 직접 기술을 배우고, 조직에 적응하고, 최선을 다하려는 의지가 훨씬 중요하다고 생각한다. 그런 이유에서 그들의 변화 의지와 노력을 높이 평가했다. 사람을 뽑을 때 포트폴리오에만 의존하는 것은 위험천만하다(다른 사람의 작업을 베낀 허위 포트폴리오를 자신의 작품인 양 내세우는 경우를 수없이 봤다. 디지털 시대에는 이런 속임수가 가능하다). 가장 중요한 것은 내 직감을 믿는 것이었다.

인재들은 끊임없이 이동한다. 어느 날 누가 경쟁자, 동료, 클라이언트가 될지 모른다. 그들이 기억하는 것은 과거에 당신이 취했던 태도나 조직에서의 긍정적이거나 부정적인 경험이다. 아끼는 직원이 회사를 떠나는 일은 누구에게나 마음 쓰린 일이다. 특히 그들이 신입으로 시작해 직접 업무를 가르치고 지도한 경험이 있다면 더욱 그렇다. 하지만 크리에이터는 때가 되면 다음 단계로 도약해야 한다. 그렇지 않으면 당신이 가르쳐준 방식만이 유일한 길이라는 잘못된 판단을 내리기 쉽다.

직원을 존중하고 공정하게 대했다면 퇴사 이후에도 원만한 관계를 맺고 네트워크를 이어갈 수 있다. 폴이 에덴슈피커만의 베를린 오피스에서 몇 년간 근무한 후 회사를 떠난다고 했을 때 실망감은 이루 말할 수 없었다. 하지만 동시에 더 배우고 성장할 기회를 찾기 위해 그가 떠날 때가 됐다는 사실도 알고 있었다. 폴이 퇴사한 뒤에도 우리는 계속 좋은 관계를 유지했고, 몇 년 후에 나는 폴과 다시 함께 일하는 행운을 누렸다.

독일 속담에 이런 말이 있다. "네가 대접받고 싶은 대로 상대를 대접하라." 요점을 파악했으리라 믿는다.

어쨌든 폴이 쓴 책은 크리에이티브 업계를 대표하는 글이나 마찬가지다. 업계 종사자라면 누구나 공감할 만한 내용들이 가득 담겨 있다.

에릭 슈피커만Erik Spiekermann

머리말

크리에이티브 업계에서 먹고사는 당신에게

내가 근무하는 로스앤젤레스 도심의 에이전시 정문 외벽에는 독특한 글귀가 적힌 포스터가 한 장 걸려 있다. 1961년 코렉스 프랑크푸르트 크래프트 인쇄소(Korrex Frankfurt Kraft press)에서 제작된 이 포스터는 내가 지금껏 본 벽면 장식품 가운데 가장 인기가 많은 작품이다. 할리우드 유명 인사부터 투자자까지 에이전시를 방문하는 거의 모든 사람들은 포스터를 보고 그냥 지나치는 법이 없다. 포스터를 배경으로 셀카를 찍고 동료나 친구, 팬들에게도 이 흥미로운 메시지를 공유한다. 세계적인 서체 디자이너이자 기업가인 에릭 슈피커만이 디자인한 이 포스터에는 "꼰대가 되지 말고, 꼰대를 위해 일하지도 말라"(Don't be an asshole. Don't work for assholes)고 적혀 있다.

어떤 사람도 비인격적인 꼰대를 위해 일하는 것은 원치 않는다. 하지만 현실 속 직장에서는 이 같은 일이 부지기수로 발생한다. 왜일까? 크리에이티브 산업에서는 '현대판 꼰대'들과 그들이 만든 열등한 조직 문화가 전염병처럼 만연하게 퍼져 있다.

나는 수년간 업계에서 일하며 CEO, 크리에이티브 디렉터, 광고기획 디렉터 등 다양한 책임자들 밑에서 일하는 사람들을 만났다. 천상천

하 유아독존 성향인 그들의 리더들은 단순한 꼰대가 아니었다. 정확히 말하면 비인격적인 이기주의 성향의 꼰대라는 사실을 대놓고 자부하는 이들이었다. 예컨대 크리에이티브 디렉터는 월요일 클라이언트 프레젠테이션을 앞두고, 금요일 퇴근 직전인 5시 50분에 변덕에서 우러난 날벼락 같은 피드백을 던진다. 입사 기회를 얻지 못한 지원자들에게 답변조차 하지 않는 안하무인 인사팀 리더들도 여기에 속한다. '꿈을 위해 살라'는 미명 아래 직원들에게 야근의 압박을 주며 부정적인 근무 환경을 조성하는 CEO들도 마찬가지다.

크리에이티브 산업은 조직문화를 마치 감옥처럼 최악으로 만드는 사람들이 다수라는 악평을 받아왔다. 이 업계에서 감수성 예민한 젊은 인재들을 올바르게 지도하는 리더를 찾기란 좀처럼 쉽지 않다.

크리에이티브 산업에도 서서히 변화의 조짐이 나타나고 있다. 과거에는 젊은 인재들이 고정적인 급여를 보장받으며 그들의 창조적인 능력을 펼칠 수 있는 커리어에 한계가 있었다. 때문에 정규 근무시간을 벗어난 잦은 야근, 병적인 자기중심주의, 그 외 다른 모든 불합리한 업무 관행을 고스란히 견뎌야만 했다. 오늘날에는 테크 기업, 스타트업, 인하우스 디자인팀을 비롯해 선택 가능한 다양한 커리어의 대안이 존재한다. 유능한 지원자들은 더 이상 열등한 조직문화와 과도한 자의식에서 비롯된 문제를 겪을 필요 없이 자신이 원하는 커리어를 선택할 수 있다.

긍정적인 변화를 향한 징후는 곳곳에서 보이지만, 업계에서 굳어진 오랜 관행을 한 번에 바꾸기는 어렵다. 지속 불가능한 업무 환경은 크리에이티브 업계에 여전히 만연하다. 열등한 조직문화는 결국 직원들을 지치게 하고, 높은 이직률을 초래하며, 프로젝트 결과의 품질을 저하시킨다. 직원 개개인과 클라이언트, 작업 품질 등 어느 것에도 이득이 되지 않는다.

책에서 우리는 한 가지 질문에 대한 해답을 살펴볼 예정이다. '비인격적인 꼰대가 되지 않고도 크리에이티브 산업에서 훌륭한 성과를 낼수 있을까?' 뒤떨어진 업무 관행과 과도한 자의식이 판을 치는 크리에이티브 업계에서 긍정적인 조직문화는 과연 실현 가능한 일일까? 조직문화를 훌륭하게 유지하면서도 업계의 경쟁 우위를 확보하고, 클라이언트를 만족시키고, 훌륭한 성과를 내는 것이 현실적으로 가능할까?

내가 독일과 미국에서 일하며 겪었던 경험을 토대로 두 나라 간의 문화 차이를 살펴볼 것이다. 독일을 비롯한 북유럽(스웨덴, 덴마크 등)과 그외 국가의 크리에이티브 에이전시에서 발견되는 문화적 온도 차는 누가봐도 확연히 다르다. 전자는 효율적인 업무 관행에 가장 큰 초점을 두는반면, 후자는 개인적인 삶에 미치는 영향과는 관계없이 일을 가장 중요시하는 경향이 크다. 두 문화를 모두 겪어본 내 경험상 장단점이 있었다. 각각의 특징을 비교하고 분석한 결과물로서 이 책이 크리에이티브 업계에서 일하는 모든 이에게 도움이 되길 바란다.

폴 우즈 Paul Woods

추신

지금쯤 독자 여러분은 머릿속으로 '이 글을 쓴 사람 역시 정상은 아닌 것 같다'고 생각할지도 모르겠다. 완전히 틀린 말은 아니라는 사실을 밝히고 넘어가겠다.

주식회사 멍청이

좋은 사람들

1장

조직문화

: 인격적인 조직문화가 지속 가능한 회사생활을 만든다

예로부터 크리에이티브 산업에서는 항상 일이 우선이었다. 몇 차례 수상 경력을 쌓으면 개인의 비인격적인 행동조차 전적으로 용인되는 분위기가 조성되곤 한다. 단기적으로는 문제가 없는 것처럼 보이지만 실상은 그렇지 않다. 뛰어난 성과를 만들어내는 데급급한 과정에서 조직문화는 늘 뒷전이 된다.

훌륭한 조직문화는 중요하다. 조직문화는 프로젝트 결과물에 지대한 영향을 미침은 물론이고 업계 최고의 뛰어난 인재를 끌어오는 데에도 영향을 미친다. 또한 클라이언트와 우호적인 관계를 구축하기 위해서도 없어서는 안 될 필수 요소다. 돈만 좇는 비인격적인 인간에게조차 조직문화는 여전히 상당한 영향을 미친다. 크리에이티브 에이전시들은 지금껏 이상적인 결과물을 생산해내며 승승장구해왔다. 하지만 훌륭한 근무 환경을 구축하고 직원들을 올바르게 대우하는 측면에서는 항상 적잖은 어려움을 겪었다. 오늘날과 같은 정보화 시대에 더 이상 비밀은 없다. 결국 비인격적인 문화를 형성한 장본인에게 비난의 화살이 돌아간다.

크리에이티브 산업의 열등한 조직문화

런던이나 뉴욕을 비롯한 전 세계의 주요 도시에서 크리에이티브 산업군에 종사한 경험이 있는 사람들은 누구나 고개를 끄덕일 만한 자명한 사실이 있다. 열등한 조직문화, 자의식 과잉, 터무니없이 긴 업무 시간이 이 업계에서는 흔할 뿐 아니라 때로 찬사까지 받는다는 것이다. 일례로 인턴에게 월급이 지급되지 않는 일은 비일비재하다. 정규 근무시간을 벗어난 야근을 일종의 자랑처럼 여긴다. 개개인의 병적인 자기중심주의가 무분별하게 장려되며, 자의식이 높을수록 더 존경받고 '전설적인' 인물로 칭송받기까지 한다.

크리에이티브 산업에서 일해온 대부분의 사람들처럼, 나 역시 업계 최악의 정형화된 이미지를 상징하는 많은 사람을 만났다. 이제껏 만난 흥미로운 인물들 가운데 몇 명을 책에서 소개할 예정이다. 독자 여러분이 처음으로 만나볼 인물은 내 기억 속에 강력한 이미지를 심은 존재다. 이 훌륭한 신사는 한마디로 업계의 암적인 존재였다. 이제부터 그를 데니라고 부르겠다.

데니는 창의적인 천재형 인물과는 거리가 멀다. 그는 대기업 고객들을 관리하는 광고기획 부서의 책임자이다. 데니 같은 광고기획 책임자들은 크리에이티브 산업군에서 흔히 볼 수 있는 최악의 부정적인 특성들을 지니고 있는 경우가 많다. 사실 광고기획자는 업계에서 가장 힘든 직업 가운데 하나다. 그들은 클라이언트가 요구하는 비현실적인 일들을 현실적인 계획하에 실행해야 하며, 어떠한 경우에도 창의적인 결과물을 생산해낼 책임이 있다.

> 훌륭한 조직문화는 중요하다. 조직문화는 프로젝트의 결과물에 지대한 영향을 미침은 물론이고 업계 최고의 뛰어난 인재를 끌어오는 데에도 영향을 미친다.

나는 지난 수년간 업계에서 일하며, 프로젝트를 훌륭하게 완수하는 과정을 정확히 이해하는 뛰어난 기획자들을 만나왔다. 하지만 데니는 결코 거기에 속하는 인물이 아니었다. 별 볼 일 없는 이력으로 다소 까다로운 대기업 고객을 관리하는 책임을 맡은 데니는 그런 자신이 자랑스러운 듯 늘 으스대며 걸었다. 언제나 암울한 인상을 주는 검은색 정장과 넥타이를 매고 다녔다. 이따금씩 긴장을 풀고 술을 마실 때면 스스로를 통제하지 못할 때도 많았다. 한마디로 그는 에이전시 내부의 모든 크리에이티브팀에게 악몽 같은 존재였다.

마감 직전의 금요일 오후 5시경이면 어김없이 데니가 사무실에 등장한다. 그는 디자인 부서 근처를 어슬렁대며 심각한 어투로 이렇게 말하곤 했다.

"여러분, 클라이언트는 대단히 창의적인 결과물을 원합니다. 어디에서도 보지 못한 특별하고 천재적인 결과 말이죠! 클라이언트가 직접 저한테 한 말이에요. 이번 프로젝트로 웨비상(Webby Award)을 수상할 날이 머지않았군요! 그 전에 몇 가지 수정사항들만 해결해봅시다."

그런 다음 현재 진행 중인 프로젝트를 완전히 뒤엎을 만한 변경사항들을 줄줄이 읊어댄다. 그리곤 팀원들에게 월요일 아침 9시 전까지 마감을 요청한 뒤 집에 일이 있다며 홀연히 사무실을 떠난다.

보통의 상황이라면, 데니가 신고 있던 에나멜 구두를 벗겨 그를 때려눕히고 한바탕 욕을 퍼붓는 것이 정상일지도 모른다. 하지만 크리에이티브 산업에서 그런 일은 일어나지 않는다. 업계 종사자들은 이런 불합리한 요구를 일종의 '도전'으로 받아들이기 때문이다. 이를테면 이렇게 생각한다. "3일 안에 수상작을 만들어낼 수 있을까? 딜리와 조니도 주말 동안 프로젝트를 완성했는데, 대형 광고기획 입찰에 선정됐어. 지금은 칸 국제광고제 황금사자상을 수상할 거라는 이야기까지 나오고 있잖아. 우리도 도전해봐야 하지 않을까?"

데니와 같은 광고기획 책임자들은 직원들의 창조적인 성향을 간파하고 있으며, 그들의 높은 자의식과 불안을 언제 어떤 방식으로 자극해야 할지 정확히 알고 있다. 이런 업무 환경을 고려하면, 광고기획 분야에서 일하는 수많은 베테랑들의 이혼율이 대체로 높다는 사실은 전혀 놀랍지 않다. 이 같은 이유로 크리에이티브 산업 종사자 개인의 삶은 완전히 망가질 수 있다. 데니는 최악의 업무 환경을 조성한 장본인임에도

부정적인 관행의 전형

정규 근무시간을 벗어난 야근

자의식 과잉

인턴에 대한 불공정한 대우

체계 없는 업무 흐름

19

살아남았고, 여전히 같은 회사에서 일하고 있다. 아직 에나멜 구두로 얻어맞은 적도 없고 어떤 타격도 받지 않았다.

'일, 일, 일'은 당연하지 않다

크리에이티브 디렉터들은 열악한 근무 환경을 조성하는 데 누구보다 앞장선다. 수년간의 야근, 주말 근무, 지나친 자의식 등의 요인으로 사생활은 더 이상 그들의 세계에서 설 자리를 잃었다. 개인의 삶은 뒤로 밀어둔 채 그들은 '위대한' 결과물을 만들어내기 위해 할 수 있는 모든 것을 다 한다. 악순환의 고리에서 헤어나오지 못한다. 크리에이티브 업계에서 몇 년을 보내고 나면 깨닫게 되는 점이 한 가지 있다. 프로젝트에서 뛰어난 결과를 만들어내기 위한 맹목적인 노력만이 그들의 삶을 지탱하는 원동력이 된다는 것이다.

개인의 삶을 희생할 만큼 가치 있는 프로젝트와 누구에게도 도움이 되지 않는 불필요한 프로젝트를 구분해야 한다.

우수한 성과를 향한 맹목적인 노력은 개인의 삶을 희생할 만큼 가치 있는 프로젝트와 누구에게도 도움이 되지 않는 불필요한 프로젝트를 구분하는 능력을 상실하게 만든다. 예를 들어보자. 나는 과거에 남아프리카에서 하루 20시간을 일하며 가난한 지역의 사회사업가를 육성하는 플랫폼을 설계한 적이 있다. 개인 시간을 희생할 만한 가치 있는 프로젝트라고 판단했기에 미친 사람처럼 일에 몰두했다. 또한 커리어를 시작한 초기에는 개인의 삶을 희생할 만한 가치가 없는 프로젝트에도 수많은 시간과 공을 들였다.

솔직히 말하면, 창의적인 결과물에 집착하는 팀원들 외에는 누구도 우리가 하는 일에 진지한 관심을 두지 않았다. 주말의 달콤한 휴식을 반납하고, 하루에 15시간의 노력을 투입한 배너 광고 캠페인 같은 작업이었다. 사실 배너를 보는 사람의 0.05퍼센트만이 광고를 클릭한다.[1] 누구도 신경 쓰지 않는 소모적인 일이다.

한 유명 광고대행사는 '일, 일, 일'이라는 자사의 슬로건을 뽐낸다. 이 슬로건은 압박적인 조직문화를 강력하게 함축한다. 그들은 우수한 업무 결과를 위해서라면 무엇이든 포기할 준비가 되어 있다. 하지만 한 발짝만 물러서서 바라보면 얼마나 불합리한 일인지 알 수 있다. 현실적인 예를 들어보자. 그 회사가 하는 일이란 기업에서 판매하는 저렴한 통신서비스 패키지, 탄산음료, 초콜릿 바, 그 외 모든 종류의 별 중요치 않은 제품의 판매 촉진을 돕는 일이다. 과연 그 모든 일이 개인의 삶, 가족, 친구들을 희생할 만한 가치가 있을까? 불행히도 크리에이티브 산업에서는 오랫동안 희생을 당연하게 여겨왔다.

크리에이티브 산업의 변화 물결

이처럼 크리에이티브 산업은 오랫동안 압박적인 조직문화를 유지해왔다. 그렇다면 이를 갑자기 비판하려는 이유는 무엇인가? 어쨌든 크리에

훌륭한 인재들은 그들이 행복하다고 느낄 때만 조직에 머문다.

이티브 산업은 수십 년 동안 존재해왔고, 매년 수십억 달러를 벌어들이며, 독성 있는 업무 관행과는 별개로 수많은 상을 받아왔다. 굳이 지금 그들의 문화를 바꿔야 할 이유가 뭐란 말인가?

그 이유는 간단하다. 시대를 막론하고, 훌륭한 성과의 중심에는 언제나 뛰어난 사람들이 존재했다. 당연하게도 그들은 자신이 행복하다고 느낄 때만 조직에 머문다. 더욱이 요즘 같은 디지털 시대의 인재들은 과거와는 확연히 다른 양상을 보인다. 그들은 어느 때보다 다양한 선택과 정보를 취할 수 있는 권한을 갖고 있다.

테크 기업의 매력적인 근무 환경

최근 몇 년 동안 한때 크리에이터가 선택할 수 있는 유일한 커리어였던 에이전시들이 점차 독점성을 잃어가기 시작했다. 업계의 뛰어난 인재들은 실리콘 밸리의 강력한 자금 원천지인 대형 테크 기업들의 매력적인 제안에 끌리고 있다. 특히 구글, 페이스북 같은 대형 기업들은 이전보다 훨씬 경쟁력 있는 급여와 유연한 근무시간, 그 외 과도할 정도로 다양한 특전을 제공한다. 에이전시와는 비견할 수 없는 훌륭한 조건을 제시하는 것이 업계의 현실이다.

고액 연봉과 혜택 외에도 실질적인 제품 제작에 참여하거나 이제 막 성장하는 스타트업의 일원이 되는 것은 젊은 인재들에게 큰 매력 요소가 되고 있다. 몇 년 전, 나 역시 샌프란시스코에 위치한 대형 테크 기업에서 스카우트 제의를 받은 적이 있다. 오랜 경력을 지닌 '에이전시 가이'임을 자처했던 나조차도 그 제안에는 몹시 구미가 당겼다. 고민 끝에 테크 기업과 만나보기로 했다. 그 과정에서 그들이 제안한 연봉과 혜택은 실로 놀라웠다. 당시 유럽에서 뉴욕으로 이주할 계획만 없었다면, 주저하지 않고 에이전시 업계를 떠났을지도 모르겠다.

기업 인하우스 부서의 높아진 위상과 인기

테크 회사를 제외한 일반 기업의 인하우스 부서 역시 성장하는 추세다. 뉴욕의 에이전시에 근무할 당시, 전통적으로 '창조적'인 것과는 거리가 먼 기업들의 인하우스 팀으로 이직하는 사람들을 꽤 많이 보았다. 어쩌면 당연한 결과일지도 모른다. 디지털 제품의 경우, 클라이언트 측에서 일할 수 있는 기회는 몹시 매력적이다. 에이전시처럼 몰려드는 프로젝트 때문에 시간에 쫓기며 일하지 않아도 되고, 세부사항에 몰두하며 한 가지 프로젝트에만 온전히 집중할 수 있다. 비교적 지속 가능한 업무 환경에서 일할 수 있는 기회가 마련되기도 한다.

더 이상 비밀이 아닌 열악한 조직문화

업무 관행 측면에서 보면 크리에이티브 산업은 항상 보잘것없는 평판을 유지해왔다. 과거의 젊은 인재들은 크리에이티브 업계를 매력적인 일자리로 칭송하며 커리어를 쌓는다는 명목하에 부정적인 조직문화를 용인했다. 하지만 오늘날 디지털 시대에는 비밀이 없다. 업계의 잠재적 지원자들은 어떤 직종과 클라이언트가 열악한 조직문화를 갖고 있는지 쉽게 분별할 수 있다. 구직 웹사이트 글래스도어를 예로 들어보자. 이곳에서는 자신이 근무하는 회사에 대해 누구나 익명으로 의견을 쓸 수 있다. 이용자의 리뷰는 잠재적 고용주과 클라이언트에게도 공개된다. 과

정상적인 조직문화

저녁 6시
팀원들이 퇴근할 시간이군

새로운 프로젝트를
시작하려면 적절한
브리핑은 필수야

클라이언트
프레젠테이션에는
모든 팀원이 참여해야 해

모든 입사 지원자의
메일에 답변을 보내야 해

프로젝트에 참여한
모든 팀원이 정당하게
평가받아야 해

인턴들은 당연히 합당한
보수를 받아야지

비정상적인 조직문화

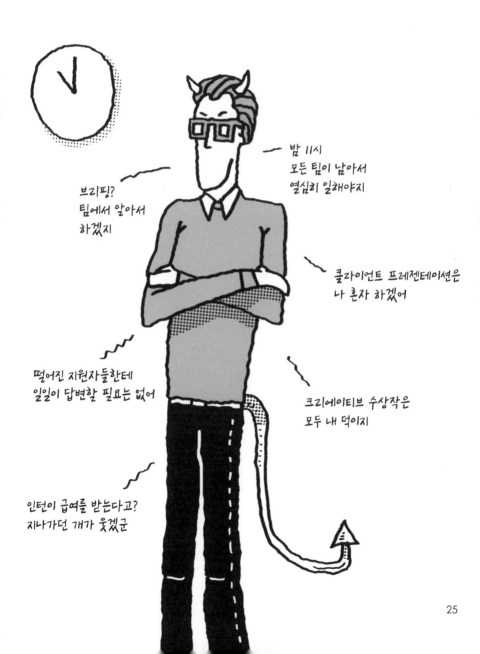

밤 11시
모든 팀이 남아서
열심히 일해야지

브리핑?
팀에서 알아서
하겠지

클라이언트 프레젠테이션은
나 혼자 하겠어

떨어진 지원자들한테
일일이 답변할 필요는 없어

크리에이티브 수상작은
모두 내 덕이지

인턴이 급여를 받는다고?
지나가던 개가 웃겠군

거에 비공개적으로 숨겨왔던 부정적인 조직문화는 이제 누구나 클릭
한 번이면 쉽게 찾아볼 수 있는 정보로 바뀌었다.

장기적인 크리에이티브 프로젝트의 확산

디지털 프로젝트에 점차 더 많은 마케팅 예산이 투입되면서 기존처럼
'단기간에 전속력으로 일을 끝마치는 방식'은 더 이상 통하지 않게 되
었다. 크리에이티브 업계는 장기적인 프로젝트 모델로 전향할 필요가
있다. 통상적으로 몇 주가 소요되는 텔레비전 광고나 마케팅 캠페인과
는 달리, 디지털 제품을 구축하는 작업은 몇 달 혹은 몇 년이 걸리는 더
딘 과정이다. 이런 유형의 장기 프로젝트는 전통적인 에이전시가 추구
하는 급속도로 빠른 업무 방식과는 완전히 다른 관점을 필요로 한다.

올바른 조직문화는 선택의 문제가 아니다

한 가지는 분명히 짚고 넘어가겠다. 뛰어난 결과물을 만들어내는 것은
그만큼 미친 듯이 일에 몰두한다는 의미다. 훌륭한 성과를 향한 지름길
은 없다. 일이 끝나기도 전에 5시면 땡 하고 퇴근하거나, 업무 시간에
페이스북이나 들여다보고 점심식사에 두 시간씩 허비하는 행동은 업무
몰입과는 한참 거리가 먼 이야기다.

　남다른 성과를 낸다는 것은 단순히 괜찮은 수준을 뛰어넘어 성과를
내기 위해 필요할 때면 밤늦게까지 일할 의지를 갖는 것이다. 때로는

장기 프로젝트의 최종 마감일을 앞두고 주말 근무를 하게 될 수도 있다. 하지만 이런 이례적인 경우를 제외한 만성적인 야근, 비효율적이고 부정적인 문화는 결코 조직의 암묵적인 규칙이 되어서는 안 된다.

열등한 조직문화는 개인의 사생활을 존중하지 않거나 과도한 자의식에 대한 변명이 될 수 없다. 한 가지는 확실히 기억하자. 당신은 크리에이티브 산업에 종사하는 직장인이다. 예술가가 아니라 상업적 활동과 관련된 직업을 가진 사람이라는 점이다. 크리에이티브 산업에서 일이 누가 봐도 흥미롭고 때로 보람을 느끼고 의미 있는 작업이라는 점은 부정할 수 없지만, 개인의 삶을 희생할 만한 가치는 없다.

> 뛰어난 결과물을 만들어내는 것은 그만큼 미친 듯이 일에 몰두한다는 의미다.
> 훌륭한 성과를 향한 지름길은 없다.

나는 크리에이티브 업계에서 일하면서 끊임없이 뛰어난 성과를 내는 동시에 훌륭한 조직문화를 갖춘 회사를 직접 경험했다. 휴즈나 에덴슈피커만 같은 기업들이 여기에 속한다. 사실 '뛰어난 성과'와 '올바른 조직문화' 사이에서 적절한 균형을 찾는 것은 모든 면에서 상당한 노력이 필요하다. 올바른 조직문화의 구축은 더 이상 '있어도 그만 없어도 그만'인 선택의 문제가 아니다. 리더가 비인격적인 이기주의자라면 뛰어난 인재들은 결국 회사를 떠나고 말 것이다. 그들이 떠나면 업무나 클라이언트와의 관계 역시 악영향을 받게 된다.

비인격적인 꼰대 구분법

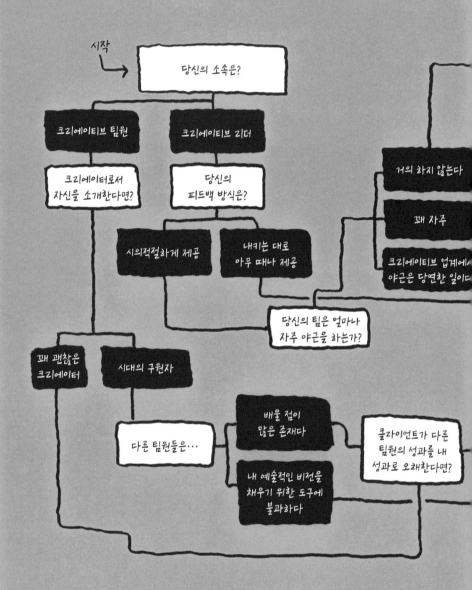

시작

당신의 소속은?

크리에이티브 팀원

크리에이티브 리더

거의 하지 않는다

꽤 자주

크리에이터로서
자신을 소개한다면?

당신의
피드백 방식은?

크리에이티브 업계에서
야근은 당연한 일이다

시의적절하게 제공

내키는 대로
아무 때나 제공

당신의 팀은 얼마나
자주 야근을 하는가?

꽤 괜찮은
크리에이터

시대의 구원자

다른 팀원들은…

배울 점이
많은 존재다

클라이언트가 다른
팀원의 성과를 내
성과로 오해한다면?

내 예술적인 비전을
채우기 위한 도구에
불과하다

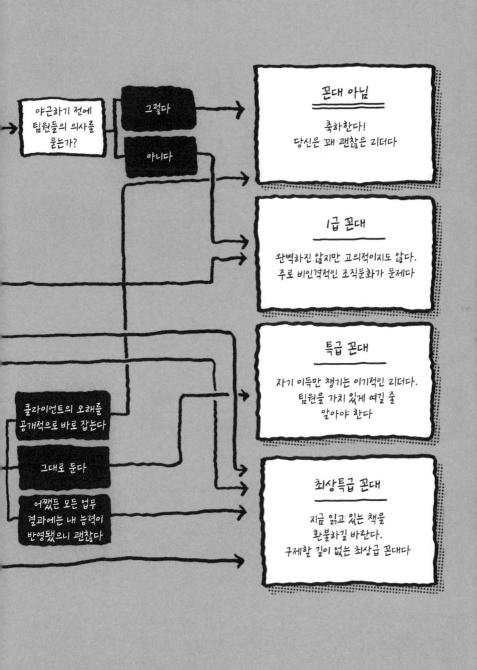

주니어급

중간급

시니어급

임원급

2장

예고

: 크리에이터여, 이제 그만 자의식 과잉에서 깨어나라!

예외는 있지만 창조적인 사람들은 다음 두 가지 범주 중 하나로 분류된다. 극도로 불안정하거나 또는 병적인 자기중심주의를 지닌 경우다. 보통 전자에 해당하는 사람은 끊임없는 자기 의심 속에 살고 있으며, 스스로에 대한 지속적인 검증이 필요한 유형이다. 이들은 항상 발전하려는 욕구가 있기에 에이전시에서 실력자에 속하는 경우가 많다. 하지만 불행히도 이들은 병적인 자기중심주의자에게 쉽게 이용당한다. 이번 장에서는 극도의 이기주의적 성향을 띤 후자에 속하는 사람들에 대해 살펴보겠다.

앞서 언급한 두 부류의 사람들 사이에는 무의식적인 연관성이 내재되어 있을지 모른다. 심리학적인 측면을 논외로 한다면 내 주장은 단순하다. 과도한 자의식은 크리에이티브 산업에서 더 이상 설 자리가 없다는 것이다. 지나친 자의식과 관련된 비상식적인 관행이 사라지면, 모든 이에게 더 나은 업무 환경이 보장된다. 또한 자율적이고 훌륭한 성과를 거두는 팀 분위기가 조성되고, 더 뛰어난 결과물을 만들 수 있다.

병적인 자기중심주의에 대한 고찰

에고가 크리에이티브 산업에서 더 이상 설 자리가 없는 이유를 이해하려면 먼저 병적인 자기중심주의에 대해 살펴봐야 한다. 이 유형의 사람들은 대개(항상은 아니다) 크리에이티브 부서에 속한 경우가 많고 직책이 높은 편이다. 그들은 자기 존재 자체가 회사의 핵심이라고 생각하며 모든 탁월한 성과의 원천은 자신에게서 비롯된다는 확고한 믿음이 있다. 스스로를 일종의 메시아적 존재라고 여기는 동시에 자기 의견은 항상 옳다고 고집한다. 프로젝트와 관련된 모든 숭고한 아이디어는 자신이 발견해야만 하며, 다른 팀원의 의견은 거의 고려하지 않는다. 그들이 타인의 시간을 존중하는 태도는 찾아보기 어렵다. 간단히 말해, 타인의 존재 이유는 오로지 자신의 개인적인 명성을 쌓기 위해서라고 믿는다.

보통 에이전시의 크리에이티브 디렉터는 과도한 자기중심적 성향으로 둘째가라면 서러울 정도다. 엄밀히 말하면 이런 성향이 전적으로

일을 망치는 자의식 과잉자 유형

주변을 맴돌며
업무를 감시하는 아트 디렉터

능력만 있다면 마감일은
중요하지 않다는 디자이너

공동 프로젝트의 모든 공을
홀로 차지하는
크리에이티브 디렉터

업무 중에 눈치 없이
시끄러운 기획팀 직원

시시각각 디자인 작업에 참견하는
클라이언트

회의 시간에 맞춰 들어오는 법이 없는 CEO

클라이언트에게 전지전능한 신비한 존재로 각인될지 몰라도 함께 일하는 팀에게는 전적으로 악영향을 미친다.

그들의 잘못은 아닐지도 모른다.

대형 에이전시를 예로 들면, 광고기획 부서에서는 크리에이티브 디렉터를 신처럼 받들어 모신다. 따라서 클라이언트에게 이들은 전지전능한 신비한 존재로 각인된다. 외부에서 볼 때 어느 정도는 이런 대우가 긍정적인 효과를 보일 수도 있다. 하지만 함께 일하는 팀원들의 입장은 완전히 다르다. 클라이언트에게는 이 전략이 성공적으로 먹힐지 몰라도 팀에게는 전적으로 악영향을 미친다.

이 유형의 인물들 가운데 내 기억에 가장 강하게 남은 사람은 구닥다리식 사고를 좀처럼 버리지 못하는 크리에이티브 디렉터 윌리다. 윌리의 취미는 팀원의 의견은 깡그리 무시한 채 불가능한 마감 기한을 제시하는 프로젝트를 냉큼 받아오는 것이었다.

그는 팀원들에게 '흥미진진한 신규 프로젝트'를 브리핑할 생각에 들떠 회의실로 허겁지겁 뛰어 들어간다. 브리핑이 끝난 뒤 회의실은 팀원들의 한숨 소리로 가득 찬다. 다음 며칠 동안 프로젝트 때문에 거의 또는 전혀 잠을 자지 못할 것이라는 사실이 너무도 자명해서다.

팀원들에게 일을 던져주고 나면 윌리는 꼬박 일주일을 잠적하곤 했다. 사무실과 회의실을 비롯한 회사 어디에서도 그를 찾을 수 없다. 피드백을 요청하는 연락에도 감감무소식이다. 마감 기한이 다가올수록 팀원들만 애가 탄다. 마감 당일이 되면, 윌리는 마치 그리스도가 이제 막 부활한 것 같은 성스러운 패션으로 사무실에 등장하곤 했다. 놀랍게도 마감일에 와서야 그는 팀원들에게 알리지도 않고 다른 팀에게도 똑같은 프로젝트 브리핑을 했다고 밝힌다. 그리고 오늘 다른 팀의 결과물을

병적인 자기중심주의자의 사고방식

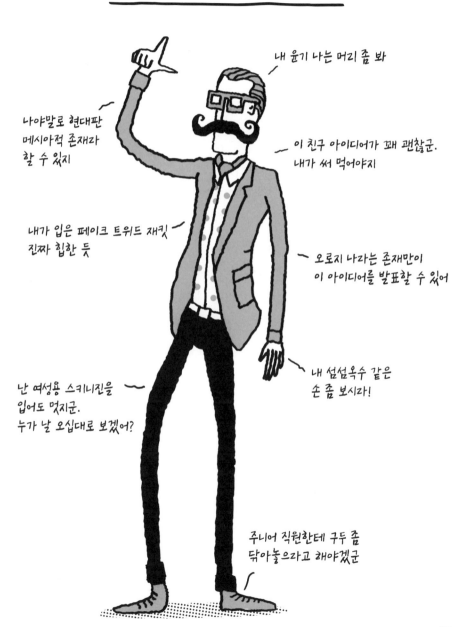

내 윤기 나는 머리 좀 봐

나야말로 현대판
메시아적 존재라
할 수 있지

이 친구 아이디어가 꽤 괜찮군.
내가 써 먹어야지

내가 입은 페이크 트위드 재킷
진짜 힙한 듯

오로지 나라는 존재만이
이 아이디어를 발표할 수 있어

내 섬섬옥수 같은
손 좀 보시라!

난 여성용 스키니진을
입어도 멋지군.
누가 날 오십대로 보겠어?

주니어 직원한테 구두 좀
닦아놓으라고 해야겠군

클라이언트에게 발표하겠다고 심드렁하게 말한다.

책에 등장하는 다른 인물들과 마찬가지로, 월리 역시 해고는커녕 살아남아 회사를 다니고 있다. 그가 저지른 만행이라면, 주니어 팀원들에게 맞아 죽어도 마땅할 것이다. 하지만 현실은 그렇지 않다. 내가 마지막으로 그를 만난 이후 월리는 몇 차례 더 승진하며 승승장구했다.

비즈니스 부적격자가 팀에 미치는 영향

크리에이티브 디렉터를 비롯한 모든 업계 사람들에게 고한다. 무조건 '나'에 매몰된 과도한 자의식은 집이나 컨퍼런스 홀 강단에서나 드러내길 바란다. 창의적인 직장에서 병적인 에고는 존재할 이유가 없다. 개인의 지나친 자의식은 팀의 발전과 성장을 억제하고, 프로젝트 결과에 부정적인 영향을 미치며, 회사 입장에서 불필요한 비용을 초래할 뿐이다.

개인과 팀의 성장을 저해한다

병적인 에고는 결국 프로젝트 예산과 일정에 차질을 빚게 만든다.

병적인 에고가 지닌 최악의 단점은 타인을 좀처럼 신뢰하지 못한다는 점이다. 자신의 영역을 벗어난 업무까지도 사사건건 간섭하려고 드는 것은 물론이고 누구에게도 안심하고 업무를 맡기는 법이 없다. 오로지 자신만이 업무의 중심을 차지하고 프로젝트를 성공적으로 수행할 수 있다고 믿는다.

고액 연봉을 받는 선임 크리에이티브 디렉터가 제작 디자이너가 담당하는 배너 광고의 사이즈까지 일일이 관여하는 경우도 많이 봤다. 물론 작업상의 디테일에 대한 관심은 중요하지만 그 정도의 참견이면 제정신이 아니다. 사소한 업무까지 통제하려는 리더와 함께 일하는 팀원들은 스스로 결정을 내리거나 개인으로서 성장하고 발전할 수 있는 기회가 없다.

불필요한 비용을 발생시킨다

그들은 창의적인 작업 과정에서 끊임없이 방해물처럼 행동한다. 적시에 업무 피드백을 제공하지 않고 제작 기한과 관련된 현실적인 요건을 무시하기 일쑤다. 결국 프로젝트 예산과 일정에 차질을 빚게 만든다. 그들이 우선시하는 것은 자신의 '예술적 비전'을 성취하는 것이다. 작업의 실행 가능성과 재정적 측면에서 프로젝트의 전반적인 성공을 이끄는 일은 언제나 뒷전이다.

뛰어난 인재들을 떠나게 한다

병적인 에고를 가진 이들은 타인에게 세간의 주목이 집중되는 것을 견디지 못한다. 누구나 원하는 최고의 프로젝트는 언제나 자신의 몫으로 챙기고, 그 외 흥미가 떨어지는 프로젝트는 다른 이들에게 넘긴다. 자신의 고고한 비전을 달성하는 데 열중하느라 후배들의 멘토가 되는 일에는 관심조차 두지 않는다. 재능 있는 젊은 크리에이터는 그들의 자의식을 견디다 못해 퇴사를 결심한다. 자신의 능력과 기량을 마음껏 펼칠 수 있는 곳으로 떠나려고 하는 것이다. 결국 프로젝트 예산과 일정에 차질을 빚게 만든다.

과도한 자의식 없는 조직문화 만들기

과도한 자의식에서 벗어난 건강한 조직은 어떻게 만들까? 결코 쉽지 않은 문제다. 크리에이티브 업계에는 정신적으로 불안정한 사람, 조급증에 시달리는 사람, 회의론자, 불면증 환자 등 논리적이거나 합리적인 유형과는 거리가 먼 별난 성격들 투성이다.

명심해야 할 점은 창의적인 능력을 펼치는 직업이라고 해도 결국에는 상업적인 목적이 우선인 비즈니스라는 점이다. 우리는 순수한 목적을 가진 예술가가 아니다. 성숙한 성인으로서 돈벌이를 하는 크리에이티브 분야의 전문가다. 크리에이티브 리더에 속하는 사람이라면 다음 내용을 마음에 새기자. 조직 내의 병적인 에고를 줄이기 위해 실천해야 할 두 가지 핵심 요소를 소개하겠다.

팀원을 신뢰하고 업무를 맡기라

모든 업무에 사사건건 간섭하는 일을 멈춰라. 팀원들을 신뢰하고 그들이 맡은 일을 최대한 원만하게 진행하도록 돕는 것이 리더의 역할이다. 팀원을 전적으로 신뢰할 수 없는 합당한 이유가 있다면 냉정하게 해고를 고려하는 것도 방법이다. 애플의 전 CEO 스티브 잡스는 유명한 말을 남겼다. "유능한 직원을 고용해 업무를 지시하는 일은 의미가 없다.

우리가 유능한 직원을 고용하는 이유는 그들이 우리에게 방향을 제시하기 때문이다."

병적인 자기중심주의자들은 어떤가? 그들은 팀원을 결코 신뢰하지 않으며 최종 결정 권한은 언제나 자신이 쥐고 있어야 한다고 믿는다. 2007년 인터뷰에 따르면, 도널드 트럼프는 자신보다 유능한 사람을 고용하는 것을 신뢰하지 않는다고 언급한 바 있다(《CNBC》 2016년 12월 19일자 기사).[2] 직원의 역량을 불신하고 일을 맡기지 못하는 행태가 지속되면 리더로서의 진정한 역할을 의심해볼 일이다.

스포트라이트를 독차지하지 말라

직접 참여하지도 않은 업무에서 모든 공을 홀로 차지하는 일은 절대 없어야 한다. 이 문제는 크리에이티브 디렉터들에게 흔히 볼 수 있

> 올바른 리더의 역할은 자의식이 아니라 팀을 성장시키는 것이다.

는 악명 높은 특징이다. 리더라는 명목하에 눈곱만큼도 기여도가 없는 결과물을 외부에 선보이는 역할을 자처할 때 특히 그렇다.

한 가지만 명심하자. 정당한 평가를 거쳐 인정받을 만한 자격이 있는 사람에게 공을 돌리자. 타인의 노력으로 쌓은 공이 부당하게 당신에게 돌아온다면 겸손한 자세로 오해를 바로잡아야 한다. 팀의 리더라면 외부에서 받는 개인적인 칭찬도 팀원들의 공으로 돌리자. 듣기 좋은 칭찬이 필요한 시기는 지났다. 올바른 리더의 역할은 자의식이 아니라 팀을 성장시키는 것이다.

주니어 디자이너 시절, 내 상사는 기회가 생길 때마다 팀원들의 노고를 부각하려고 애썼다. 클라이언트에게 크리에이티브 결과물을 발표

할 때에도 항상 프로젝트에 직접 관여한 모든 팀원(인턴부터 선임까지)의 이름이 적힌 슬라이드를 자료에 포함했다. 클라이언트와 직접 소통할 기회가 거의 없었던 주니어 시절에 이 같은 작은 배려는 온 세상을 얻은 듯한 큰 기쁨을 주었다.

건강한 자의식이 필요할 때

오해하지 않길 바란다. 건강한 자의식을 지닌 사람은 조직 내부의 롤 모델이 되기도 하고, 외부 브랜드 구축에도 결정적인 역할을 하는 경우가 많다. 그뿐 아니라 자신이 속한 크리에이티브 에이전시의 성격을 규정하는 중요한 역할을 하기도 한다.

디자인과 광고 분야에서 가장 잘 알려진 유명인들〔(스테판 사그마이스터(Stefan Sagmeister), 에릭 슈피커만, 밥 그린버그(Bob Greenberg) 등〕이 성공적으로 사업을 구축한 데에는 뛰어난 업적뿐 아니라 대범하고 거침없는 성격도 커다란 역할을 했다. 그들의 활달하고 대중적인 성향은 에이전시를 대표하는 이미지를 부여하고 기업 브랜드를 정의하고 홍보하는 최적의 창 역할을 한다. 반면 그들의 강력한 이미지는 때로 논란의 여지를 남기기도 하며 그로 인해 그들을 적대적인 시각으로 바라보는 이들도 생긴다.

중요한 것은 이 모든 것이 공적인 페르소나라는 점이다. 대범한 기질을 지닌 리더는 팀원들에게 과도한 자의식을 뽐내는 리더와는 확연히 다르다.

나는 베를린에서 몇 년간 에릭 슈퍼커만과 함
께 일한 적이 있다. 그 역시 평범한 이들과는
달리 대범한 기질을 갖춘 인물이었다. 회의실

대범한 기질을 지닌 리더는
팀원들에게 과도한 자의식을 뽐내는
리더와는 확연히 다르다.

에서 가장 눈에 띄는 사람은 언제나 에릭이었고, 인터뷰와 컨퍼런스에
서는 늘 솔직하고 거침없는 입담을 자랑했다. 논란거리가 될 만한 발
언에도 두려움이 없었다. 에이전시에서도 이런 모습을 기대한다면 오
산이다.

팀원들과 함께 일하는 에릭의 모습은 외부에서 보이는 이미지와는
사뭇 다르다. 에릭은 내가 함께 일했던 크리에이티브 디렉터들 가운데
가장 존경스럽고 고무적인 인물이었다. 특히 주니어 직원들에게는 항상
세심한 관심을 기울였고 그들의 이름을 일일이 기억하고 끊임없는 격
려를 아끼지 않았다. 언제나 정당한 평가로 자격을 갖춘 사람을 인정하
는 것도 에릭이 가진 장점이다. 만일 다른 직원이 한 일로 엉뚱하게 자
신이 대우받는 상황이 오면 공개적으로 오해를 바로잡았다.

디자인 업계에서 세계적으로 가장 잘 알려진 인물인 에릭 슈퍼커만
은 무려 40년 이상 자신의 확고한 신념을 지켜왔다. 이제 부적절한 자
의식은 크리에이티브 업계에서 사라져야 할 악습이다.

3장

회의

: 회의는 시간 낭비라는 오명에서 벗어나는 방법

회의에는 작은 비밀이 하나 있다. 시간만 잡아먹는 불필요한 회의는 꼰대들이나 좋아한다는 것이다. 평범한 사람들은 불필요한 회의를 혐오한다. 내 경험상 대부분의 크리에이티브 회의나 프로젝트와 관련된 회의는 시간 낭비다.

쓸모없이 시간만 질질 끄는 회의는 그야말로 무용지물이다. 현실적으로 사내 메신저나 일대일 대화를 통해 훨씬 더 효율적으로 소통할 수 있는 경우가 태반이다. 불필요한 회의는 더 나은 프로젝트 결과물을 생산하는 데 사용해야 할 클라이언트 예산을 낭비하게 만든다. 제대로 준비되지 않은 회의는 최악이다. 뚜렷한 목적과 구체적인 실행 업무가 없는 회의는 혼란만 가중할 뿐이다. 사람들의 시간을 낭비하고 헛수고를 더한다.

간단히 말해, 에이전시 내에서 프로젝트를 운영하는 팀들은 가능한 최소한의 회의를 갖는 것이 업무에 효율적이며 궁극적으로 더 좋은 결과물을 만든다. 회의는 짧을수록 좋고 반드시 목적 지향적이어야 한다. 회의는 독일인의 사고방식을 따르는 것이 좋다. 적어도 잘못된 길을 가게 될 확률은 현저히 낮출 수 있기 때문이다.

꼰대와 회의, 그 불가분의 관계에 관하여

병적인 자기중심주의자들은 온갖 종류의 회의를 사랑한다. 쓸모없는 회의일수록 더 좋다! 그들이 회의를 사랑하는 이유가 궁금한가? 생각해보자. 회의에는 언제나 그들의 말을 귀담아들을 준비가 되어 있는 청중이 갖춰져 있다. 그들은 회의실 맨 앞에 서서 남보다 특별하고 중요한 사람처럼 보일 수 있다. 심각한 표정으로 화이트보드에 구불구불한 선을 그리며 자아도취할 수 있다. 자신의 획기적인 깨달음을 전할 기회를 호시탐탐 노리며 다른 이의 아이디어를 경청하는 척할 수도 있다. 병적인 자기중심주의자들에게 쓸모없는 회의란 선물 상자를 열어제끼는 아이들의 생일파티 같은 것이다.

크리에이티브 에이전시에서 일하는 동안, 나는 쓸모없는 회의를 사랑하는 수많은 사람을 만났다. 그중 특히 기억에 남는 인물을 소개하고자 한다. 그는 놀랍도록 목소리가 귀에 거슬리는 20대 후반의 프로젝트 매니저 시릴이다. 시릴을 처음 만났을 때 그는 조직에서 비교적 덜 중요한 프로젝트를 진행하고 있었다. 불행히도 나 역시 시릴과 함께 같은 프로젝트를 맡게 되었다. 자기중심적 성향이 대단했던 시릴이 사무실에 등장하면 마치 예측불허의 태풍이 불어닥친 것 같았다. 시릴은 반경 1킬로미터 내에 있는 모든 사람의 업무를 사사건건 간섭하고 나서야 비로소 만족스러운 표정을 지었다. 시트콤에 나올 법한 특이한 인물이었다. 그는 자기 목소리를 너무나도 사랑했다.

시릴은 뚜렷한 목적 없이 모든 팀을 불러다놓고 '업데이트'나 '프로젝트 현황'과 같은 모호한 주제로 회의를 열곤 했다. 장장 두 시간 이상 지속되는 회의를 주도하면서 그는 더없이 큰 기쁨을 느꼈다. 많은 시간과 노력이 소요되는 프로젝트를 진행할 때면 회의는 하루에 두 번으로 늘어났다. '오전 업데이트'와 '오후 업데이트'라는 명목이었다.

프로젝트에 관여하는 모든 팀은 필수적으로 회의에 참석해 업무 진행 상황을 시릴에게 보고해야 했다. 오전 회의가 끝나고 고작 두 시간 지났지만 그는 아랑곳하지 않았다. 회의 시간이면 변함없이 서체 색상부터 유명인이 등장하는 리얼리티쇼에 대한 생각까지 구구절절 읊어댔다. 자신의 의견을 떠들기 위해 회의를 연단으로 활용하는 셈이었다.

병적인 자기중심주의자들은 온갖 종류의 회의를 사랑한다. 쓸모없는 회의일수록 더 좋다!

시릴은 언제나 모든 회의에 최대한 많은 사람이 참여하기를 바랐다. 자기 말을 경청해줄 청중이 없는 회의는 무의미하기 때문이다. 회의에는 프로젝트 팀뿐 아니라, 프로젝트와 무관한 다른 팀들도 불려왔다. 직원의 자녀들까지 회의에 참석한다고 해도 두 팔 벌려 환영할 판국이었다. 회의에 얼마나 많은 인원이 참석했는지, 얼마나 오랜 시간이 소요됐는지와는 상관없이 회의가 끝나면 어안이 벙벙한 표정의 사람들을 목격할 수 있다. 회의의 목적을 잊을 정도로 잡담의 연속이었던 것이다.

어느 날 오후, 시릴은 언제나처럼 두 시간 이상 지속되는 강도 높은 회의를 열었다. 이번에는 우스꽝스러운 일이 일어났다. 회의가 진행되는 동안 자신의 말에 지나치게 심취한 시릴은 프로젝트 팀원 전체가 한 사람씩 몰래 회의실을 빠져나갔다는 사실조차 알아채지 못했던 것이다. 회의실에 남아 있던 사람은 그의 말을 진지하게 경청한 인턴뿐이었다. 나는 이후로도 비슷한 유형의 사람들과 꽤 자주 일해왔지만, 우스꽝스러운 자기애를 가진 내 마음속 대표 인물은 언제나 시릴이었다.

꼰대나 병적인 자기중심주의자만 회의를 사랑하는 것은 아니다. 회의의 호불호에는 문화적 차이도 존재한다. 예컨대 북유럽 사람들과 비교해 미국 사람들은 회의를 훨씬 더 선호하는 경향이 있다. 미국 사람들은 그룹을 만들어 토론하고, 브레인스토밍하고, 함께 새로운 아이디어를 짜내기를 즐긴다. 반면 독일 사람들은 이런 관행을 마뜩잖아한다. 그들이 가장 중요시하는 것은 업무의 '효율'이기 때문이다.

크리에이티브 산업에서 흔히 나타나는 과다하고 비효율적인 회의의 문제점은 때로 크리에이터의 특성에서 기인하기도 한다. 크리에이터들은 쉽게 산만해진다. 우리는 토론하고, 고민하고, 브레인스토밍하고, 끊임없이 아이디어를 공유하는 것을 즐긴다. 그런 과정을 통해 자신의 아이디어를 검증받고 인정받길 원한다. 하지만 체계 없는 회의에 크리에이터들을 한데 모아놓으면 부정적인 결과는 불 보듯 뻔하다. 결국 소모적인 회의 때문에 실제 일을 끝내기 위해 더 많은 시간을 쏟아야 하기 때문이다.

나는 지난 몇 년간 독일 출신 사업 파트너와 크리에이티브 에이전시를 운영한 적이 있다. 독일인답게 그는 효율을 중시하는 사람이었고, 직원들이 매일 정시에 퇴근하는 건강한 조직문화를 만들기 위해 애썼다. 그가 혐오했던 것은 불필요한 회의였다. 그는 준비가 미흡한 회의를 즉흥적으로 열어 다른 이의 시간을 뺏는 직원들을 끊임없이 들들 볶았다. 그와 함께 일하며 깨달은 점은 독일인을 열 받게 하면 반드시 대가를 치르게 된다는 것이다.

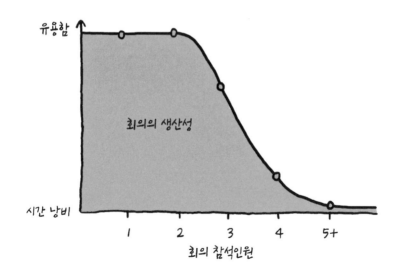

회의가 필요한 두 가지 경우

회의를 계획하기 전에 한번 자문해보자. '이 회의가 정말 필요할까?', '이메일이나 사내 메신저로도 충분하지 않을까?', '고객의 피드백을 상의하려면 크리에이티브 디렉터와 일대일로 대화를 나누는 게 더 좋지 않을까?' 크리에이티브 작업을 할 때 대면 회의가 필요한(또는 선호되는) 경우는 두 가지뿐이다.

첫 번째는 프로젝트 브리핑을 할 때다. 규모를 막론하고 모든 프로젝트는 시작에 앞서 체계적으로 준비된 직접적인 브리핑이 필수다. 프로젝트에 참여하는 모든 팀은 브리핑에 참석해 의문점을 해소하는 질의응답 시간을 가져야 한다. 하지만 현실에서는 많은 에이전시가 이 과정을 건너뛰거나 대충 넘어간다. 기껏해야 '지난달과 같은 방식으로 신규 마케팅 페이지를 만듭시다'와 같은 무성의한 이메일을 공지하는 정도다. 클라이언트와 사용자의 니즈에 맞는 최적의 결과물을 만들려면 명확하고 직접적인 면대면 회의를 통한 브리핑은 필수불가결한 과정이다(브리핑 주제에 대해서는 다른 장에서 자세히 설명하겠다).

두 번째는 프로젝트 결과물을 전달할 때이다. 클라이언트와 친밀한 관계를 유지해왔다고 해도 크리에이티브 작업이나 디자인 결과물을 제시할 때에는 직접 만나는 것이 최고의 방법이다. 면대면 회의를 통해 결과물에 대한 의견을 공유하고 클라이언트의 질문이나 우려사항에 즉각적으로 답변하는 과정을 거친다. 경험상 클라이언트와 직접 만나서 결과물이나 아이디어를 제시하면 성공 확률도 두 배로 늘어난다.

생산적인 회의를 운영하는 방법

작업 효율성을 논할 때면 언제나 최고로 꼽는 내 비즈니스 파트너 이야기를 한 번 더 언급하겠다. 바로 '독일식' 회의 운영 방식이다. 명확한 이해를 위해 현실적인 사례를 활용해보겠다. 당신의 팀은 유명 성인 완구 제조업체인 '회사 ×××'의 신제품 '브랜드 ×××'의 로고 디자인을 작업 중이다. 그리고 클라이언트에게 다소 부정적인 디자인 피드백을 받았다고 가정해보자. 피드백과 관련해 추후 업무 일정을 논의하기 위해 크리에이티브팀과 긴급회의를 소집하기로 했다. 생산적이고 효율적인 회의를 만들기 위한 세 가지 단계를 살펴보자.

회의를 꼭 해야 할까?

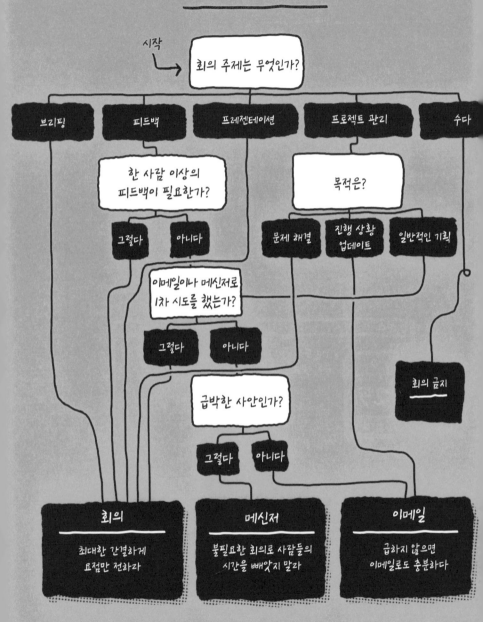

1. 회의 준비

회의를 소집하기 최소 하루 전에 참석 여부를 확인하는 과정을 거쳐야 한다. 참석자는 사전에 회의를 준비할 충분한 시간이 필요하다. 하지만 앞서 언급한 사례는 피드백에 대한 빠른 논의가 가장 중요하기 때문에 당일 오후로 회의 일정을 잡도록 한다. 적절한 회의 공지는 다음과 같은 몇 가지 주요 구성 요소를 포함한다.

- **주제:** '업데이트'와 같은 모호한 회의 주제는 피해야 한다. 회의의 목적을 명확하게 파악할 수 있는 주제를 구체적으로 명시하는 것이 좋다. 이를테면 '브랜드 ×××의 디자인에 관한 클라이언트 피드백 회의' 정도면 적당하다.
- **목적:** 회의의 목적을 간략하게 기재하자. 이를테면 '클라이언트의 최근 피드백을 토대로 브랜드 ×××의 로고 디자인을 위한 다음 업무 단계에 관한 논의 진행'과 같다.
- **진행시간:** 최대한 짧게 진행한다. 대부분의 일상적인 프로젝트 업데이트는 30분이면 충분하다.
- **장소**(당연해 보이지만 자주 빼먹는 요소다.)
- **참석자:** 참석자가 시간을 낭비하지 않도록 회의에는 최대한 적은 인원을 소집한다. 군이 참석할 필요가 없는 사람들은 부르지 말라. 확실하지 않으면 직접 물어보거나 선택적으로 참여할 수 있도록 인원을 조정한다.
- **준비사항:** 회의에 참석하기 전에 준비해야 할 사항이 있으면 미리 공지한다. 사전 검토가 필요한 클라이언트 피드백 자료 역시 미리

참석자에게 전달한다.

2. 회의 진행

회의의 주도자는 회의를 소집한 사람이다. 회의를 진행할 책임은 회의를 소집한 사람에게 있다(선임 프로젝트 매니저든 주니어 디자이너든 교황이든 상관없다). 좋은 회의는 다음과 같은 형식을 따른다.

● **회의의 목적 설명**

'이 회의의 목적은'이라는 말로 회의를 시작한다. 앞서 언급한 사례에서 회의의 목적은 "클라이언트의 최근 피드백을 토대로 브랜드 ×××의 로고 디자인을 위한 다음 업무 단계를 명확히 하는 것"이다.

● **기대 결과**

회의를 통해 얻고자 하는 결과를 분명하게 전달한다. 회의 참석자의 질문과 의견을 모아 클라이언트의 피드백을 분석하는 것이 목적인가? 아니면 단순히 팀원들에게 특정 업무를 분담하기 위함인가? 회의를 통해 기대하는 결과는 언제나 명확하고 구체적이어야 한다.

● **명확하고 간결한 회의**

당면한 주제를 명확하고 간결하게 논의한다. 무의미한 대화는 금지다.

회의에 불필요한 것들

자의식 과잉

사전지식이 불충분한 의견

사무실 반려동물

회의 주제와 무관한 이슈

회의와 무관한 사람

집중을 방해하는 요소

● 질문 장려

참석자가 특정 주제를 올바르게 파악하고 있는지 확실히 할 필요가 있는가? 크리에이터는 질문을 기피하는 경향이 있다. 회의를 소집한 사람은 모든 참석자가 논의사항을 정확히 이해하고 있는지 반드시 파악하고 넘어가야 한다.

● 다음 단계 정의 및 업무 분담

구체적인 다음 작업 단계와 각 단계별 업무 책임자를 지정한다. 모든 참석자는 회의가 끝난 뒤 자신의 역할을 정확히 인지해야 한다.

3. 회의 종료

회의 소집자는 회의가 끝난 후 참석자에게 간략한 회의의 개요를 메시지로 전달한다. 메시지에는 회의 결과 요약, 다음 업무 단계, 각자의 역할과 책임이 명시되어야 한다. 이를 통해 참석자들은 자신의 업무를 정확하게 파악할 수 있다. 팀원들은 추후 이 메시지를 업무의 기준으로 삼고 일하기 때문에 후속적인 개요 전달은 중요한 절차다.

이제 효율적인 회의를 운영하는 기술을 완벽하게 습득했다. 축하한다. 빈틈없는 원칙주의자인 독일인도 자랑스러워할 만한 성취다!

회의 에티켓

1. 회의의 목적을 분명하게 명시한다.

2. 회의는 최대한 간결하게 진행한다.

3. 참석자가 미리 준비해야 할 사항은 사전에 공지한다.

4. 의견을 제시하거나 설명할 때에는 명확한 시각적 근거를 제시한다.

5. 혼자 잘난 체하며 떠들거나 다른 사람의 말을 자르지 않는다.

6. 장황한 독백은 금물. 혼자만 똑똑하다고 생각한다면 오산이다.

7. 사무실 반려동물을 회의실에 데리고 들어가지 말라.
   그런다고 창의적인 사람처럼 보이지 않는다.

8. 코를 후비지 말라. 행동은 단정히 한다.

9. 모든 회의 참석자가 업무의 후속 조치를 명확하게 이해하고 있는지
   확인하고 회의를 끝낸다.

10. 회의가 끝나면 회의 내용과 결과를 정리해서 공유한다.

이 종이를 잘라서 회의실에 붙여놓자 ✂

프로젝트

4장

피칭

: 당연한 듯 당연하지 않은 프리 피칭의 대안을 찾아서

크리에이티브 프로젝트를 맡을 때 논란이 되는 관행은 '스펙 워크'라고도 알려진 프리 피칭이다. 프리 피칭은 업체의 능력을 판단한다는 명목으로 이루어지는 무급의 테스트 작업을 말한다. 에이전시에서 근무했거나 프리랜서로 일한 경험이 있다면 잠재적인 클라이언트가 요구하는 피칭 작업을 경험했을 가능성이 높다. 피칭의 문제점은 정당한 보수 없이 무급으로 작업이 진행된다는 것이다.

프리 피칭은 오랫동안 크리에이티브 산업의 일부로 존재했다. 실제로 클라이언트의 70퍼센트는 에이전시나 크리에이티브팀을 고용하는 과정에서 무료 '샘플' 작업을 기대한다는 조사 결과도 있다(〈디자인위크〉 2017년 3월 20일자 기사).[3] 상대적으로 금전적 여유가 있는 대형 에이전시들에서 프리 피칭은 신규 고객을 확보하는 중요한 채널로 자리 잡았다. 그들은 비용을 감당할 만한 자본이 뒷받침되기 때문에 부담을 안더라도 프리 피칭을 진행한다.

프리 피칭이라는 비정상적인 관행

내가 뉴욕에서 근무할 때, 에이전시에서 적어도 한 팀 이상은 매일 피칭 때문에 골머리를 앓곤 했다. 대형 에이전시에서 진행하는 피칭의

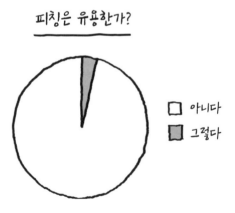

피칭은 유용한가?

□ 아니다
■ 그렇다

클라이언트의
제안 요청서 요구조건

☐ 우리가 원하는 모든 것

☐ 무급, 무료, 공짜

☐ 훌륭하고 창의적인 공짜 제안서

☐ 최대한 무조건 빨리

전형적인 절차는 사업 개발팀의 이메일로 클라이언트의 제안 요청서(Request For Proposal, RFP)가 도착하면서 시작된다. 에이전시의 피칭 참여가 결정되면 내부적으로 작업을 진행할 전략팀과 크리에이티브팀이 선정된다. 피칭을 맡게 된 팀들은 그때부터 에이전시의 능력을 입증하기 위한 창조적인 해결책을 만들어내기 위해 머리를 싸맨다(일반적으로 피칭은 단기간에 극심한 업무 강도를 가진다).

피칭 작업은 보통 정상의 범주를 넘어선 일정으로 운영된다. 클라이언트의 요구에 맞는 크리에이티브 제안서(경우에 따라 여러 옵션을 요구하기도 한다)는 보통 며칠이 주어지거나 때로는 몇 시간 안에 모든 기획을 끝내야 하는 경우도 있다. 피칭에 참여하는 모든 직원은 전투태세를 갖추고 회의실에서 모여 머리를 쥐어짠다.

이때 크리에이티브팀은 제작과 예산에 대한 현실적인 고민은 배제하고 창조적이고 원대한 아이디어를 내는 데 주안점을 둔다. 믿기지 않겠지만 클라이언트 프레젠테이션을 하루 앞둔 전날 저녁 6시에 피칭 작업을 시작한 적도 있다. 놀랍게도 그 일은 꽤 훌륭하게 마무리되었고 결국 프로젝트를 수주하는 성과를 거두기도 했다. 이런 비정상적인 일정이 업계의 현실이지만, 피칭 작업은 크리에이티브팀에게 많은 보람과 즐거움을 주기도 한다.

프리 피칭에 반기를 들다

프리 피칭은 크리에이티브 산업에 뿌리 내린 관행으로 자리 잡은 지 오래다. 업무 강도를 감당할 수 있는 선에서라면 크리에이티브팀에게 많은 즐거움을 주는 작업이기도 하다. 그럼에도 업계 사람들은 프리 피칭을 부정적인 시각으로 바라보는 경향이 크다. 특히 최근 몇 년간 프리 피칭에 반기를 드는 움직임은 한층 강화되었다. 그들 대부분은 프리 피칭을 착취적인 업무 관행이라고 여긴다. 특히 AIGA[4]와 NO!SPEC[5]을 비롯한 디자인 업계의 여러 단체는 프리 피칭에 공식적으로 반대 입장을 표명한 바 있다.

그들의 주장은 명료하다. 오로지 고객사의 의사 결정 과정을 돕기 위해 서비스 제공자가 며칠 혹은 몇 주 동안 무급으로 일하는 관행은 지구상의 어떤 산업에도 존재하지 않는다는 것이다. 다섯 개의 레스토랑 중 한 곳에서 금요일 저녁식사를 고려하고 있다고 생각해보자. 후보로 둔 모든 레스토랑에서 무료 '샘플' 식사를 기대하는 사람은 아무도 없을 것이다. 그런데 디자이너나 크리에이티브 에이전시를 선정할 때는 이런 터무니없는 일이 공공연하게 일어난다.

디자이너와 에이전시는 올바른 업무 관행을 정착시키기 위해 프리 피칭에 반기를 드는 것이 맞을까? 이런 기대는 단순히 유토피아적인 환상에 불과할까? 프리 피칭 역시 '비즈니스를 위한 접대비용'으로 생각해야 할까? 잠재적인 클라이언트에게 화려한 저녁식사를 대접하는 것처럼 말이다.

프리 피칭이 통하지 않는 이유

솔직히 말하겠다. 나는 프리 피칭 관행이 크리에이티브 산업에 매우 부정적인 영향을 미친다고 생각한다. 누가 봐도 비정상적인 문화가 세월이 흐르면서 자연스럽게 고착해버린 것이다. 한 발짝 물러서서 생각해보면, 전문적인 서비스를 '테스트'라는 명목하에 무료로 제공한다는 발상 자체가 말이 안 된다. 클라이언트 입장에서도 프리 피칭은 효과적인 평가 도구가 되기 힘들다. 결국 어느 쪽에도 유리하지 않은 제도인 것이다. 그 이유를 살펴보자.

크리에이터와 크리에이티브 작업의 가치를 평가 절하한다

피칭을 위한 크리에이티브 작업은 대개 촉박한 마감 일정, 불충분한 브리핑, 사용자 조사나 클라이언트와의 협업이 거의 없는 상태에서 시작된다. 결국 우수한 결과물을 만드는 데 필수적인 요소들에 대해 왜곡된 인상을 심어주는 것은 업계 종사자들인 셈이다. 이런 일이 반복되면 장기적으로 크리에이터와 크리에이티브 작업 모두가 크게 평가 절하된다.

아이디어를 도용당할 위험이 있다

클라이언트는 프리 피칭에서 나온 아이디어를 쉽게 도용할 수 있다. 도용한 아이디어는 다른 에이전시나 인하우스 팀에게 전달해 훨씬 저렴한 비용에 실행하곤 한다. 업계에서 일하며 이런 사례를 수도 없이 목격했다.

전략 회의의 실상은?

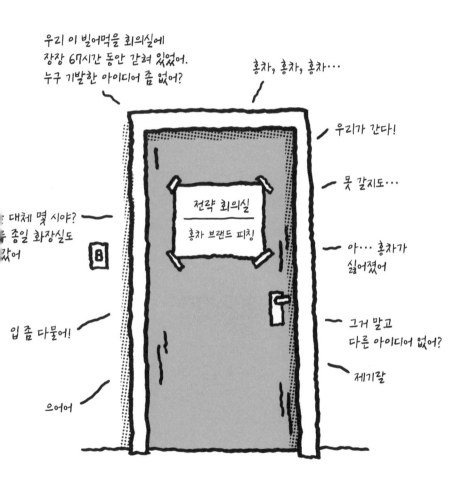

우리 이 빌어먹을 회의실에
장장 67시간 동안 갇혀 있었어.
누구 기발한 아이디어 좀 없어?

홍차, 홍차, 홍차...

우리가 간다!

못 갈지도...

전략 회의실

홍차 브랜드 피칭

아... 홍차가
싫어졌어

그거 말고
다른 아이디어 없어?

제기랄

대체 몇 시야?

종일 화장실도
갔어

입 좀 다물어!

으어어

비용과 인력을 소모시킨다

비즈니스를 확대하기 위해 자금을 투입하는 것은 사업상의 정당한 절차다. 프리 피칭에 불필요하게 소모되는 비용은 다르다. 결국 버려질 아이디어에 막대한 비용과 재원을 소모하기 때문이다. 피칭은 실질적인 클라이언트를 위한 작업에 사용되어야 할 시간과 에너지를 빼앗는다. 또한 크리에이티브팀이 비판적으로 사고하고 문제를 해결하는 능력을 상실하게 하며, 겉보기에 그럴듯한 결과에 집착하는 습관을 형성하게 만든다.

프리 피칭에 대한 내 의견이나 업계의 입장보다 중요한 것은 피칭이 클라이언트에게 미치는 악영향이다. 크리에이터는 피칭을 할 때 현실적인 요건이 배제된 기발하고 재미있는 아이디어에 초점을 둔다. '실현 가능성'이 핵심인 클라이언트 입장에서는 당연히 에이전시의 능력을 제대로 평가할 수 없다. 프리 피칭이 클라이언트에게 악영향을 미치는 이유는 크게 세 가지로 나뉜다.

현실적인 해결책을 제시하지 않는다

피칭 작업의 결과물은 현실적인 요건이 고려되지 않기 때문에 실행이 불가능한 경우가 대부분이다. '비현실적인' 해결책은 디자인 전공생도 쉽게 내놓을 수 있다. 전문가는 클라이언트의 요구사항과 여러 한계점을 고려해 현실 세계에서 실행 가능한 결과물을 만든다. 겉보기에 화려한 비현실적인 크리에이티브 결과물을 원한다면 포토샵을 능숙하게 다루는 업자를 고용하는 게 나을 것이다.

결국 버려질 아이디어다

피칭은 실제 사용자에 대한 세부적인 조사나 연구를 거의 반영하지 않는다. 철저한 사용자 분석은 의미 있는 결과물을 만드는 핵심이다. 단도직입적으로 말하면, 피칭은 피상적이고 비현실적인 헛소리에 불과하며 결국 버려질 아이디어다.

협업은 없다

피칭의 가장 큰 문제는 작업 과정에서 클라이언트와의 협업이 수반되지 않는다는 점이다. 크리에이티브팀이 단독으로 작업을 완료한 뒤 의사 결정 권한이 있는 이사진 앞에서 프레젠테이션을 하고 나면 끝이다. 조직에서 가장 중요한 협업의 의미를 알 방도가 없다.

'노 피칭'의 난제

프리 피칭 관행에 대한 반기는 정당한 도전이다. 하지만 대부분의 클라이언트는 여전히 프리 피칭을 원하는 것이 현실이다. 업계의 유명한 크리에이터나 에이전시라면 확고한 신념으로 프리 피칭에 거절 의사를 밝힐 수도 있다. 반면 소규모 에이전시나 스타트업, 프리랜서 혹은 단순히 새로운 프로젝트가 절실한 상황에 놓여 있다면 신념을 계속 고집하기란 쉽지 않다.

크리에이터와 에이전시는 일종의 딜레마에 직면해 있다. '문제의 일부가 되더라도 피칭을 하는 게 나을까? 당장의 사업 기회를 놓쳐도 피칭을 거부하는 게 나을까?' 까다로운 문제다.

에덴슈피커만의 베를린 오피스는 엄격한 '노 피칭' 정책을 고수하고 있다. 이 정책은 회사의 선언문[6]에도 명시되어 있고, 원칙적인 관점에서 볼 때 나무랄 데 없이 완벽한 정책이다. 베를린 오피스에서 일할 때 나 역시 모든 프리 피칭 관행에 철저하게 반대했다. 에덴슈피커만 베를린 오피스는 유럽에서 자리 잡은 안정적인 에이전시이기에 가능했던 일이다.

몇 년 후 에덴슈피커만이 로스앤젤레스에 새로 사무실을 열었을 때, 나는 대표직을 맡아 다시 회사로 돌아왔다. 그때는 베를린 오피스에 있을 때와 접근법을 달리해야만 했다. 에덴슈피커만은 유럽에서는 유명한 에이전시였지만 미국 시장에서는 사실상 거의 알려지지 않은 상태였다. 특히 사업 초기에는 신규 프로젝트를 수주하는 데 많은 어려움을 겪었다.

당시 사업 파트너와 나는 비즈니스를 위해 미국 시장에서 필사적으로 고군분투했다. 그런 현실을 감안하면 유토피아적인 '노 피칭' 정책을 고수하는 것이 맞는지 의문이 들었다. 사업 운영 첫해에 우리는 신규 프로젝트를 따오기 위해 다양한 방법을 시도했다(프리 피칭도 몇 번 포함되어 있다). 치열하게 고민하는 과정에서 프리 피칭을 대체할 만한 흥미로운 대안을 찾을 수 있었다. 바로 '크리에이티브 디브리프 워크숍'이다.

피칭을 하는 것이 좋을까?

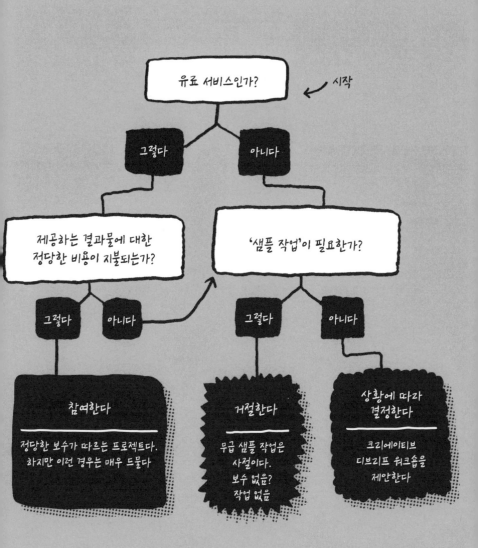

유표 서비스인가? ← 시작

그렇다 / 아니다

제공하는 결과물에 대한
정당한 비용이 지불되는가?

'샘플 작업'이 필요한가?

그렇다 / 아니다

그렇다 / 아니다

참여한다
___
정당한 보수가 따르는 프로젝트다.
하지만 이런 경우는 매우 드물다

거절한다
___
무급 샘플 작업은
사절이다.
보수 없음?
작업 없음

**상황에 따라
결정한다**
___
크리에이티브
디브리프 워크숍을
제안한다

프리 피칭의 대안: 크리에이티브 디브리프 워크숍

프리랜스 디자이너나 에이전시를 운영한다면 한 번쯤은 참여하고 싶은 프로젝트에서 제안 요청서를 받는 날이 온다. 하지만 참여 자격을 갖추기 위해서는 무급의 샘플 작업이 요구된다. '노 피칭'에 대한 확고한 신념을 밀고 나가더라도, 잠재적 클라이언트는 피칭 작업 없이 서비스 제공자가 그 브랜드를 온전히 이해할 것이라고 믿지 않는다(다년간 유사 프로젝트 경력이 있어도 마찬가지다). 경쟁 업체들은 당연히 무급의 샘플 결과물을 제출할 것이다. 이런 상황이라면 어떻게 해야 할까?

'크리에이티브 디브리프 워크숍'을 고려해보자. 제안 요청서를 받고 과거의 선례를 따르기보다는 클라이언트 측 의사 결정자에게 연락해 프리 피칭의 부정적인 면을 알리는 것이다. 그리고 프리 피칭 대신 크리에이티브 디브리프 워크숍에 참여할 기회를 제안하자. 고작 30분짜리 프레젠테이션으로 비현실적인 결과물을 발표하는 것은 올바른 평가의 기준이 될 수 없다.

디브리프 워크숍은 하루 동안 클라이언트의 사무실에서 함께 다양한 연습 활동을 추진해보는 것을 기본으로 삼는다. 클라이언트는 크리에이티브팀과의 협업으로 서비스 제공자의 자질을 더 공정하게 평가할 수 있다. 또한 클라이언트가 에이전시를 선택하지 않더라도, 그들은 디브리프 워크숍을 통해 비즈니스의 현실과 사용자의 니즈를 파악해 유용한 결과를 만들어낼 수 있다.

에덴슈피커만이 로스앤젤레스 오피스를 열었던 초창기에 우리는 무급의 샘플 작업을 거절하고 디브리프 워크숍을 제안했다. 결론부터 말하면 워크숍이 끝난 뒤 우리는 프로젝트 수주에 100퍼센트 성공을 거두었다. 클라이언트들은 워크숍 기간 동안 실질적으로 서비스를 제공할 인력의 업무 태도와 자질을 평가할 수 있었고, 비즈니스 측면에서 크리에이터와 솔직한 의견을 공유한 경험을 긍정적으로 생각했다.

크리에이티브 디브리프 워크숍 실행 방법
잠재적 클라이언트에게 크리에이티브 디브리프 워크숍의 합리성을 설득시켰다면, 다음은 팀원들의 충분한 준비가 뒷받침되어야 한다. 워크숍의 전반적인 주제는 '새로운 발견과 조정'이다. 먼저 내부적으로 프로젝트에 대해 철저하게 조사한 뒤 클라이언트가 사전에 고려하지 못한 사용자의 니즈와 인사이트를 파악하는 과정이 필수다. 하루 동안 워크숍을 함께 진행하면 단순히 샘플 작업을 제출하는 경쟁 업체들과 비교해 프로젝트를 수주할 확률이 훨씬 높아진다.

워크숍의 구체적인 주제와 활동 내용은 프로젝트의 요구사항에 따라 달라진다(실제로 브랜드나 캠페인 워크숍은 디지털 제품 워크숍과 상당한 차이를 보인다). 먼저 기본적인 디브리프 워크숍 가이드를 살펴보자.

첫째로 워크숍 기간 동안 각 연습 활동의 뚜렷한 목적과 결과를 설명한 뒤 시작하는 것이 핵심이다. 워크숍 방법론과 실제 활용에 관한 다양한 서적이 시중에 출시되어 있다(개인적으로 제이크 크나프(Jake Knapp)의 책 《스프린트》(sprint)를 적극 추천한다). 또한 에이전시가 선택되지 않더라도 크리에이티브 디브리프 워크숍에서 진행되는 개별 활동은 클라이언트에게 구체적이고 유용한 결과를 제공해야 한다.

1. 퍼소나 카드 작성

소요시간: 120분

목적: 프로젝트의 대상이 되는 타깃 그룹을 규정하고 사용자의 니즈를 정확하게 파악한다.

준비사항:

❶ 빈 종이에 퍼소나 카드 양식을 만든다.

❷ 사전 조사를 토대로 완벽하게 채운 퍼소나 카드 샘플을 한 장 준비한다.

❸ 연습 활동을 원활하게 운영하기 위해 퍼소나 원형을 최소 2개 준비한다.

활동 운영:

❶ 진행자는 그룹에게 퍼소나 카드 샘플을 보여주고 난 뒤 카드를 벽에 붙이고 활동을 개시한다.

❷ 진행자는 그룹에게 다음 퍼소나 카드는 어떤 성향의 고객이어야 하는지 묻는다. 대개 첫 번째 퍼소나 카드를 작성하는 데 가장 오랜 시간이 소요된다. 진행자는 필요한 경우 힌트를 제공한다. 퍼소나 카드가 완성되면 진행자는 카드를 벽에 걸어둔다.

❸ 첫 번째 퍼소나 카드가 완성되고 나면, 15분씩 배정해 다음 퍼소나 카드를 작성한다.

❹ 주요 사용자 그룹의 퍼소나 카드를 완성하고 나면 검토하는 과정을 거친다. 퍼소나 카드는 6개 이하로 제작한다. 더 많은 퍼소나 카드가 생성되면 그룹은 퍼소나 카드를 면밀히 검토한 뒤 통합하는 과정을 진행한다.

결과: 각각의 제품 또는 서비스의 주요 사용자 그룹으로 구성된 퍼소나 카드를 완성한다.

2. 제품 비전 보드 작성

소요시간: 120분

목적: 각 사용자 그룹을 위한 제품 또는 브랜드 기회 파악

준비사항:

❶ 넓은 벽에 보드판을 붙이고 가로 세로 6×3 칸을 만든다.

❷ 이전 단계에서 만들어진 퍼소나 카드는 가로 6칸 맨 위쪽에 붙인다.

❸ 세로 3칸 가장 왼쪽에 위에서 아래로 니즈, 솔루션, 밸류라고 적는다.

활동 운영:

❶ 진행자는 가로 맨 위 칸에 퍼소나 카드를 걸고 활동을 개시한다.

❷ 진행자는 제품이나 브랜드에 따라 퍼소나 카드별 사용자의 니즈를 파악하도록 지시한다. 이를테면 먹거리를 검색하는 푸드 애플리케이션 브랜드라면 사용자는 이렇게 대답할 수 있다. "당뇨병 환자에게 적합한 음식을 확인하려고 한다."

❸ 각각의 퍼소나 카드에 대한 '니즈' 칸을 작성하고 나면, 진행자는 '솔루션' 칸으로 이동한다. 각각의 '니즈'에는 적절한 해결책이 따라온다. 앞서 언급한 푸드 애플리케이션을 예로 들면, 니즈에 따른 해결책은 다음과 같다. '당뇨병 환자에게 적합한 음식만 보여주는 필터

기능 추가'

❹ 마지막 단계는 '밸류'다. 제시된 솔루션이 사용자의 삶에 어떤 가치를 부여하는지 작성한다. 앞선 사례의 푸드 애플리케이션의 가치는 다음과 같다. '내 체질과 질병을 고려한 최선의 음식을 찾는 도구'

결과: 사용자의 니즈와 그에 부합하는 기회 요소를 보여주는 제품 또는 브랜드의 비전 보드 완성

3. 페이지 분석 작업

소요시간: 90분 이상(디지털 제품의 규모에 따라 다름)

목적: 웹사이트 또는 애플리케이션 구축 프로젝트에서 특정 페이지(또는 화면)를 분석하고, 페이지에 포함된 구성 요소와 목적을 알아본다.

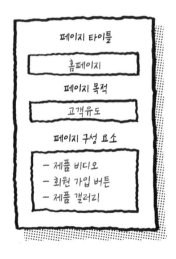
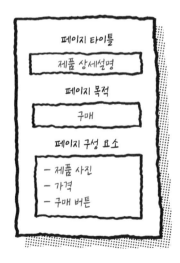

준비사항: 페이지 항목별 양식이 기입된 종이를 인쇄한 뒤 워크숍 참가자들이 페이지에 대한 기본적인 분석 작업을 실행하게 한다.

활동 운영:

❶ 진행자는 운영 방식을 설명한 뒤 참가자들이 브레인스토밍을 거쳐 작성한 1차 페이지들을 수거한다. 페이지 작성은 15분 이내에 완성되어야 한다. 분석은 주요 페이지만 포함하며 법률적인 내용이나 별도의 분석이 불필요한 일반적인 정보성 페이지는 제외한다(예: 연락처 페이지, 일반적인 FAQ 등).

❷ 두 그룹으로 나누어 각 그룹에 작성된 페이지를 분배한다.

❸ 각 그룹은 30분 동안 할당된 페이지를 읽고 최종적으로 하나의 페이지에 양식지를 통합한다.

❹ 종합적인 논의를 위해 완성된 양식지를 제출한다.

❺ 진행자는 결과와 논의사항을 문서화한다.

결과: 웹사이트 주요 페이지의 통합된 방향 결정

4. 시각 언어 분석

소요시간: 120분

목적: 시각 언어를 특성별로 분류하고 조정한다.

결과: 브랜드, 캠페인, 제품의 시각적인 방향을 구체화한다.

(이 연습 활동에 대한 자세한 내용은 6장 브리핑 '시각 언어 연습 활동'을 참조하기 바란다.)

변화의 주체는 결국 크리에이터

에이전시와 클라이언트가 양립하는 크리에이티브 업계에서 프리 피칭이 완전히 사라지기를 기대하기는 어렵다. 그렇지만 변화를 원한다면 노동 착취적인 무급의 크리에이티브 작업이 클라이언트의 비즈니스에 조금도 긍정적인 영향을 미치지 않는다는 점을 설득할 필요가 있다. 그들을 납득시키는 데 실패하더라도 클라이언트를 설득할 기회는 다시 찾아온다. 프리 피칭은 수십 년 동안 크리에이티브 업계의 굳어진 관행으로 간주되어왔다. 변화를 원한다면 책임은 크리에이터에게 있다.

5장

스코핑

: 당신이 정한 작업 범위, 과연 가능할까?

크리에이티브 산업에서 손꼽히는 부정적인 관행으로 잦은 야근, 촉박한 마감 기한, 예민한 동료들, 전반적으로 체계가 없는 작업 환경을 들 수 있다. 이러한 문제들을 야기하는 가장 큰 원인은 프로젝트의 잘못된 작업 범위 조정이다. 불충분한 예산 편성, 현실을 고려하지 않은 작업 일정, 불가능한 목표 설정 등 프로젝트의 작업 범위를 제대로 조정하지 못하면 모든 직원이 생고생을 해도 성과는 그에 미치지 못한다.

잘못된 스코핑은 크리에이티브 업계 종사자들이 자초한 경우가 대다수다. 크리에이터들은 창의적인 도전 정신을 자극하거나 흥미진진한 프로젝트를 발견하면 하나같이 현실적인 요건들은 무시한다. 오로지 프로젝트 수주를 목표로 클라이언트의 요구사항에 모두 '네'를 외치며 성급하게 프로젝트의 작업 범위를 설정한다.

나 역시 처음 일을 시작했을 때 같은 실수를 여러 번 반복했다. "일단 시작하고 봅시다. 자세한 내용들은 차차 알아가면 되죠!" 결론은 뭐냐고? 성급한 결정 탓에 프로젝트가 진행되는 두 달 내내 눈물 쏙 빠지게 고생을 해야만 했다.

프로젝트의 수주 여부에 따라 보수가 좌우되는(어느 정도는 관련이 있다) 기획팀과 사업 개발팀에게도 부실한 프로젝트 작업 범위에 대한 일부 책임이 있다. 그들은 실질적인 업무와 관련된 전문 지식이 부족한 탓에 프로젝트에 투입되는 작업량과 노력을 과소평가한다. 단순히 눈앞의 돈에 멀어 작업 범위는 뒷전이 되는 경우도 있다.

누구를 탓하든 잘못된 스코핑은 모든 사람을 고통받게 한다. 지킬수 없는 과도한 약속으로 프로젝트 수주에는 성공할 수도 있지만, 결과는 한결같이 부정적이다. 미진한 성과, 스트레스, 극심한 업무 강도를 유발할 뿐이다. 결국 실망한 클라이언트와 분노한 팀원들만 남게 된다.

잘못된 스코핑은 지옥문을 연다

크리에이티브 업계에서 일하다 보면 잘못된 프로젝트 작업 범위 때문에 뼈아픈 교훈을 얻게 되는 날이 온다. 대개 이런 교훈을 얻고 나면 클라이언트의 잦은 변덕에 한결같이 '네'라고 대답하기 전에 신중하게 생각하는 습관이 생긴다.

몇 년 전 나는 〈포춘〉 선정 500대 기업에서 진행하는 대형 프로젝트에서 비슷한 실수를 저질렀다. 대기업의 웹사이트를 새롭게 구축하는 프로젝트는 완료까지 몇 개월이 소요될 예정이었다. 프로젝트에 어마어마한 예산이 투입되었다. 계약을 성사시키기 위해 우리는 서둘러 팀을 꾸려 프로젝트의 작업 범위를 설정하고 제안서를 보냈다. '이 정도 대규모 예산이면 뭘 하든 별문제 없겠지'라는 생각에서였다. 하지만 신중한 검토 없이 작성된 작업 범위 기술서는 머지않아 우리의 목을 옥죄기 시작했다.

> 누구를 탓하든 잘못된 스코핑은 모든 사람을 고통받게 한다.

그때 작성한 작업 범위 기술서는 모호한 점이 많았다. 어떻게 보면 클라이언트의 머릿속에 불쑥 떠오른 아이디어까지 실행하겠다고 약속한 셈이었다. 클라이언트 입장에서는 당연히 두 팔 벌려 환영할 만한 제안서였고, 결국 우리는 프로젝트를 따냈다. 기쁨은 그리 오래가지 않았다. 프로젝트를 시작한 지 불과 몇 주 만에 해독하는 데 몇 달이 소요될지도 모르는 구형 시스템을 발견했기 때문이다. 문제가 해결되기 전까지는 개발자가 코드 한 줄도 추가할 수 없는 상황이었다.

프로젝트의 가격은 어떻게 책정해야 할까?

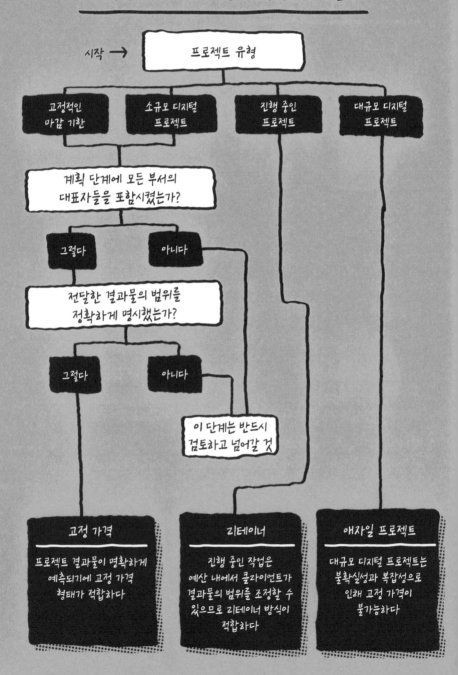

시작 →

프로젝트 유형

- 고정적인 마감 기한
- 소규모 디지털 프로젝트
- 진행 중인 프로젝트
- 대규모 디지털 프로젝트

계획 단계에 모든 부서의 대표자들을 포함시켰는가?

- 그렇다
- 아니다

전달한 결과물의 범위를 정확하게 명시했는가?

- 그렇다
- 아니다

이 단계는 반드시 검토하고 넘어갈 것

고정 가격

프로젝트 결과물이 명확하게 예측되기에 고정 가격 형태가 적합하다

리테이너

진행 중인 작업은 예산 내에서 클라이언트가 결과물의 범위를 조정할 수 있으므로 리테이너 방식이 적합하다

애자일 프로젝트

대규모 디지털 프로젝트는 불확실성과 복잡성으로 인해 고정 가격이 불가능하다

프로젝트의 마지막 몇 주는 그야말로 생지옥이었다. 클라이언트가 요청하는 끊임없는 피드백을 반영하는 동시에, 구형 시스템에 수많은 신규 기능을 추가해야 했다. 마치 외발 자전거를 타면서 소방 호스에서 뿜어져 나오는 물을 억지로 들이켜셔야 하는 상태 같았다. 막바지에 달해서는 주 60시간에 이르는 업무 강도로 인해 회사를 그만두겠다는 직원들도 생겼다.

프로젝트가 끝난 뒤 우리는 한 가지 중요한 사실을 깨달았다. 처음부터 프로젝트 작업 범위를 신중하게 작성했더라면 이 모든 난관을 피할 수 있었다는 점이다.

크리에이티브 프로젝트를 시작하기 전에 작업 범위를 명확하게 설정하는 일은 대단히 중요하다. 계약서에 사인을 하고 나면 작업 범위 기술서를 수정하는 건 거의 불가능하다. 프로젝트에 참여하는 크리에이티브팀은 울며 겨자 먹기로 불가능한 마감 기한을 맞춰야 한다(작업 범위 기술서를 작성할 때 크리에이티브팀의 의견이 반영되지 않은 경우도 있다). 프로젝트를 진행하는 동안에도 잘못된 작업 범위 기술서가 야기하는 문제는 지속적으로 발생한다.

야근을 초래한다

성급하게 작성된 작업 범위 기술서는 야근을 초래하는 주요 원인이다. 프로젝트의 작업 범위가 명확하게 설정되지 않으면 시작부터 끝까지 마감 기한에 시달리는 사태가 발생한다.

프로젝트의 작업 범위가 불명확하면 예산을 초과하는 과도한 업무량이 발생한다.

작업의 가치를 평가 절하한다

프로젝트의 작업 범위가 불명확하면 예산을 초과하는 과도한 업무량이 발생한다. 결국 작업 항목당 가용 예산이 감소하고, 결과물의 품질은 크게 떨어진다.

최악은 비현실적인 작업 범위에 익숙해진 클라이언트다. 그들은 앞으로도 기존과 동일한 작업 방식을 고집할 가능성이 크다. 극단적인 경우, 클라이언트와의 관계가 아예 끝날 수도 있다. 프로젝트 결과물에 들어가는 예산이나 업무량에 왜곡된 인식을 심어주었기 때문이다.

결과물의 품질이 떨어진다

급하게 작업을 끝내려는 목적에만 집중하면 결과물의 품질은 당연히 떨어진다. 비정기적으로 발생하는 시간이 촉박한 프로젝트는 이해할 수 있지만, 이런 상황이 반복되면 크리에이터들은 결국 어떤 프로젝트를 해도 평범한 수준 이상을 뛰어넘기 어렵다. 에이전시를 고용하는 입장에서 보면, 포트폴리오에 명시된 개별 프로젝트의 소요시간은 중요하지 않다. 그들이 평가하는 것은 오로지 프로젝트의 질적인 측면이다.

비용을 발생시킨다

조직 내부의 업무 강도나 결과물의 품질을 배제하더라도 잘못된 스코핑은 불필요한 비용을 발생시킨다. 마감 기한 안에 프로젝트를 완료하기 위해 불가피하게 내부의 추가 인력을 투입하거나 프리랜서까지 고용해야 할 수도 있다. 추가 인력 확보를 위한 비용은 고스란히 회사 몫이다. 프로젝트의 작업 범위가 불명확하면 예산을 초과한 과도한 업무량이 발생한다.

고정 가격 스코핑? 애자일 스코핑?

크리에이티브 프로젝트의 가격을 책정하는 주요 방법은 두 가지다. 클라이언트가 프로젝트 결과물을 구매하거나 크리에이터의 시간을 구매하는 것이다. 각각의 방법은 장단점이 존재한다.

결과물을 토대로 한 고정 가격 스코핑은 크리에이티브 프로젝트의 가격을 결정하는 가장 보편적인 방식이다. 고정 가격 스코핑은 'X를 지불하면 Y를 얻는다'와 같은 간단한 논리다. 겉으로 보면 고정 가격 스코핑은 장점이 명확하다. 클라이언트는 그들이 얻게 될 결과물을 정확히 파악할 수 있고, 크리에이터나 에이전시는 특정 결과물에 대한 고정된

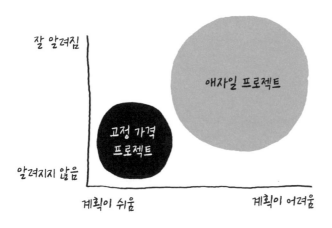

보수를 보장받는다.

하지만 고정 가격 스코핑은 '유연성 부족'이라는 중요한 문제점을 안고 있다. 고정 가격은 말 그대로 고정적인 가격이 지급되는 형태다. 따라서 프로젝트 진행 중에 자연스럽게 발생하는 작업 범위의 변경을 어렵게 만든다. 작업 중에 수정사항이 발생하면 다시 초기의 스코핑 단계로 돌아가 작업 범위를 수정한 뒤 클라이언트의 승인을 받는 번거로움을 거쳐야 한다.

고정 가격과 프로젝트 결과물을 협의하는 과정은 대개 활용 가능한 정보의 양이 가장 적을 때(즉 프로젝트가 시작되기 전에) 결정된다. 고정 가격 방식은 전달해야 할 결과물이 명확한 브랜드 디자인이나 캠페인 같은 프로젝트에서는 큰 문제가 없다. 끊임없이 변화하는 성향의 디지털 제품이나 기술과 관련된 제품들은 심각한 문제가 발생할 수 있다. 프로그래밍 언어를 결정하기 전에 특정 기능을 구현하는 데 걸리는 시간을 계산하는 일은 거의 불가능하다. 복잡한 디지털 제품에 고정 가격 스코핑을 적용하면 시작부터 난관에 봉착한다. 디지털 제품 프로젝트는 고정 가격 방식을 피하는 것이 최선이다.

프로젝트 스코핑의 두 번째 방법은 클라이언트가 크리에이터의 시간을 구매하는 것이다. 단순히 시간당 비용을 청구하는 방법부터 매달 X시간을 구매하는 고정 의뢰비용까지 방식은 다양하다. 시간당 비용을 청구하는 방식의 문제점은 명확성의 부족이다. 클라이언트는 시간당 투자하는 비용으로 어떤 결과를 얻을 수 있는지 제대로 파악하기 힘들고, 크리에이터나 에이전시는 어느 정도의 업무량을 수행해야 하는지 정확히 파악하지 못한다.

시간을 구매하는 방식의 스코핑은 양측 모두에게 장점이 있다. 프로젝트 진행 중에 수정사항이 발생해도 쉽게 반영할 수 있고, 장황하고 복잡한 작업 범위 기술서를 굳이 다시 수정할 필요가 없다는 점이다.

고정 가격 + 시간당 비용 = 애자일 스코핑

고정 가격 방식과 시간당 비용을 청구하는 방식의 혼합형 모델이 애자일 스코핑이다. 애자일 방식은 클라이언트에게 고정된 가격으로 작업을 의뢰할 수 있는 안전성을 보장한다. 하지만 정해진 결과물을 구매하는 것이 아니라 크리에이터나 에이전시와의 협의를 통해 '구매한 시간' 내에 달성할 목표를 명확히 정의하는 절차를 수반한다. 애자일 방식은 특히 디지털 제품에 적합하다. 디지털 제품 프로젝트는 사전에 결과물 목록을 명확하게 설정하는 것이 거의 불가능하기 때문이다.

애자일 스코핑은 프로젝트의 어떤 단계에서든 추가 비용 없이 특정 항목을 수정할 수 있는 유연성을 제공한다(물론 예산에 포함된 작업 시간에 해당되는 경우다). 프로젝트 과정에서 새롭게 습득한 내용을 반영하고 그 결과에 따라 작업 과정을 조정하면서 변화를 수용한다는 장점이 있다.

예컨대 여행사의 예약 애플리케이션을 만들고 있다고 가정해보자. 프로젝트가 절반쯤 진행되고 나면 첫 번째 베타 버전을 발표하고 사용자 피드백을 받는다. 피드백을 검토한 결과, 사용자들이 호텔의 실제 이미지를 더 많이 보고 싶어 한다는 사실을 발견했다. 새로운 기능을 구현하기 위해 인스타그램 콘텐츠를 애플리케이션에 통합하는 방식을 추진하기로 결정한다. 반면 애플리케이션의 메시지 기능에는 누구도 관심을 보이지 않았다. 애자일 스코핑을 활용하면, 피드백을 통해 습득한 내용을 쉽게 수용하고 그 결과에 따라 작업의 우선순위를 효율적으로 조정할 수 있다. 즉 작업 범위 기술서를 다시 작성하는 번거로움 없이 인스타그램 콘텐츠 통합 작업에 집중하고, 메시지 시스템과 관련된 추가 개발은 뒤로 늦출 수 있다.

애자일 방식은 클라이언트와 에이전시 간의 두터운 신뢰 형성이 선행되어야 한다. 우호적인 관계를 맺고 있는 클라이언트와 작업할 때 더 적합한 방식이라 할 수 있다. 클라이언트를 설득할 수 있다면 가격이나 제작 측면에서 성공적인 장기 디지털 프로젝트를 위한 최적의 접근법은 애자일 방식이다.

고정 가격 스코핑은 신중을 다해야

애자일 방식을 선호한다고 해도 아직까지 크리에이티브 산업에서는 고정 가격 방식으로 진행되는 프로젝트가 대다수다. 클라이언트들 역시 여전히 고정 가격 방식을 고집한다. 불가피하게 이 방식을 사용해야 한다면 반드시 신중한 스코핑이 선행되어야 한다. 체계적인 검토를 수반한 작업 범위 기술서는 장기적으로 시간, 비용, 업무 스트레스 모두를 줄이는 긍정적인 역할을 한다.

모든 분야의 대표자를 참여시킨다

작업 범위 기술서를 작성할 때는 프로젝트에 관여하는 모든 분야의 대표자들을 반드시 참여시켜야 한다. 내 경험상 스코핑에서 가장 흔하게 발생하는 문제는 기술팀을 배제하는 것이다. 기술팀은 때로 프로젝트에서 가장 중추적인 역할을 맡기도 한다. 카피라이터에서 개발자까지 각 분야의 대표자들을 전원 소집한 뒤 프로젝트의 작업 범위를 설정하자.

실무자의 의견을 반영한다

모든 분야의 대표자들이 스코핑에 참여하는 것만큼 중요한 것은 프로젝트의 실무를 담당할 직원들의 의견을 반영하는 것이다. 한 가지 주의할 점은 주니어의 스코핑 참여율이 높을수록 작업에 더 많은 시간이 소요된다는 것이다. 주니어의 참여 인원은 적절하게 조절하는 것이 좋다.

최악의 상황을 대비한다

머피의 법칙에 따르면 '잘못될 일은 그게 무엇이든 결국 잘못된다'고 한다. 크리에이티브 프로젝트에서 이 말은 '결과나 절차와는 상관없이 클라이언트는 자신이 원하는 수정사항을 끝까지 고집한다'로 해석된다. 따라서 예기치 않은 추가 작업을 대비해 모든 프로젝트에는 최소 10퍼센트의 예비 시간을 포함해야 한다.

최대한 구체적으로 계획한다

고정 가격 스코핑은 더 이상 세분화가 불가능할 정도로 구체적이어야 한다. 작업 범위 기술서에는 프로젝트에 포함되는 작업과 포함되지 않는 작업을 구분해야 하며 피드백의 허용 횟수와 기한과 형식을 정확하게 명시해야 한다.

포함되지 않는 내용은 상세하게 기재한다

일반적으로 스톡이미지, 서체 저작권, 저작권료를 받는 사진이나 삽화, 출장비와 같은 항목은 클라이언트에 청구되는 비용이다. 작업 범위 기술서를 작성할 때 추가적인 비용은 반드시 상세하게 명시해야 한다.

작업 범위 기술서 작성법

신중한 검토를 토대로 작성된 작업 범위 기술서는 분량이 긴 경우가 많다. 고정 가격 방식은 다음 요소를 포함해야 한다.

작업 단계의 구체화

각 작업 단계를 목록화하는 것과 더불어 작업의 목적도 명시해야 한다. 이를테면 '로고 콘셉트 단계'의 목적은 '클라이언트가 선택할 수 있는 다양한 콘셉트 제시'가 될 것이다.

고정 가격 스코핑 견적

일일 가격
기본 요소

판매 가격
프로젝트에 참여하는 모든 분야의 대표자와 합의를 거친 공정한 견적가

까다로운 클라이언트(+5퍼센트)
반복적인 피드백 제시는 반영해야 할 요소다.

촉박한 마감 기한(+5퍼센트)
주말 근무는 지양한다. 초과 근무는 정당한 보수를 요구해야 한다.

불분명한 결과물 요청(+10퍼센트)
가장 좋은 방법은 결과물을 상세하게 명시해 시간과 비용을 절약하는 것이다.

기술상의 불확실성(+10퍼센트)
불확실한 기술은 블랙홀이나 다름없기에 반드시 반영해야 할 요소다. 기술적인
프로젝트는 고정 가격보다는 시간당 작업 비용을 부과하는 것이 적합하다.

합계 :

결과물

프로젝트 결과물은 지나치다 싶을 정도로 꼼꼼하게 검토한 후 제출한다.

- 로고는 세 가지 콘셉트로 제작해 직접 클라이언트에게 제출한다.
- 각 로고는 애플리케이션 로딩 화면, 명함, 회사의 CI를 토대로 실물 모형을 제작한 후 콘셉트 프레젠테이션에서 발표한다.
- 프레젠테이션이 끝나면 클라이언트는 로고 콘셉트 한 가지를 선택한다. 제시된 로고가 모두 부적합하다고 판단될 경우, 에이전시는 정해진 시간과 예산을 고려해 추가적인 콘셉트를 제공한다.
- 클라이언트는 선택한 로고 콘셉트에 대한 피드백을 1회 제공한다. 추가적인 피드백이 발생할 시 정해진 시간과 예산을 고려해 수정 작업을 진행한다.
- 모든 피드백은 서면으로 전달한다. 또한 클라이언트 측 담당자는 피드백과 관련된 질문을 명확히 하기 위해 해당 시기에 상시 연락이 가능해야 한다.
- 최종 콘셉트에 대한 승인은 서면으로 제공한다.

비용

작업의 투명성을 위해 시간별로 또는 날짜별로(클라이언트와의 협의에 따라) 작업을 분류하고, 각 단계에서 필요한 역할을 기재한다.

작업 일정표

모든 작업 범위 기술서는 결과물의 제출 일정을 포함한다. 가장 중요한 피드백 일정도 포함되어야 한다. 마지막으로 클라이언트의 피드백이 지연되면 마감 기한에도 영향을 미친다는 점을 명시하는 것이 좋다.

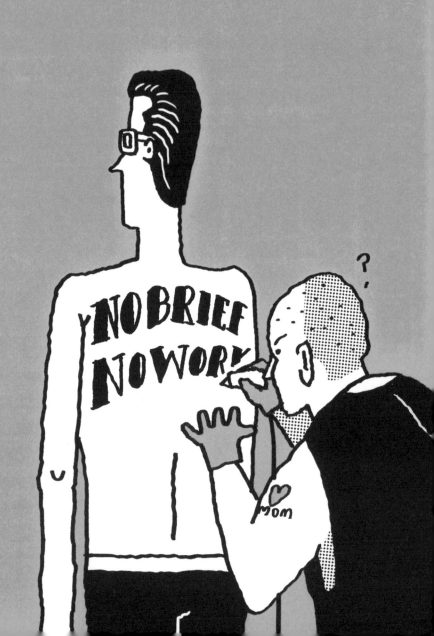

6장

브리핑

: 브리핑 없이는 프로젝트도 없다

'브리핑 없이는 프로젝트도 없다'라는 확고한 신념을 가진 크리에이티브 디렉터와 함께 일한 적이 있다. 그를 앤드루라고 불러보겠다. 앤드루는 브리핑에 관해서는 언제나 극단적일 정도로 확고한 신념을 고수했다. 애플리케이션의 새로운 로딩 화면을 디자인한다고? 브리핑부터 써라. 포스터의 서체를 바꾸고 싶다고? 브리핑을 먼저 써라. 버튼의 색깔을 밝게 변경하고 싶다고? 브리핑을 써라! 브리핑에 대한 그의 고집은 누구도 꺾을 수 없었다. 이 정도면 그의 엉덩이에 '브리핑 없이는 프로젝트도 없다'라는 말이 새겨져 있다 해도 놀랄 일이 아닐 것이다. 브리핑에 대한 앤드루의 신념은 에이전시에서 거의 전설적이었다. 크리에이티브 부서에서는 환영할 일이겠지만, 기획부서의 직원들은 미치기 일보 직전이었다.

앤드루의 신념이 다소 지나쳐 보일지도 모르겠지만, 사실 나 역시 어떤 프로젝트에서든 적절한 브리핑은 필수라고 생각한다. 크리에이터들은 제대로 된 브리핑 없이 성급하게 프로젝트를 시작하는 경우가 허다하다. 브리핑을 누락하거나 부적절한 브리핑을 토대로 일하는 것은 업무의 비효율을 초래하고 시간을 낭비하게 만든다. 시작부터 일을 잘못된 방향으로 흘러가게 한다.

프리랜서든 에이전시나 인하우스 소속의 디자이너든 업계에서 잘나가는 크리에이터든 모두에게 적용되는 원칙이 한 가지 있다. 올바른 브리핑 작성에 30분만 투자하면 모든 업무가 훨씬 수월해진다는 점이다. 작업의 규모가 너무 작거나 혼자 금방 끝내면 될 일이라도 마찬가지다. 모든 크리에이티브 작업은 시작하기 전에 뚜렷한 목표와 결과물 목록이 설정되어야 한다. 명심하자. 브리핑 없이는 프로젝트도 없다.

브리핑은 크리에이티브 프로젝트의 성패를 좌우한다

간결하고 명확하게 핵심을 담은 브리핑은 작업의 효율을 높이고, 전략에 맞는 결과물을 만들고, 클라이언트가 기대하는 바를 충족시키는 데 일조한다. 가장 중요한 이점은 모든 사람이 제시간에 퇴근할 수 있게 한다는 것이다. 반면 부적절한 브리핑은 전략을 벗어난 작업 결과, 끊임없는 야근, 실망한 클라이언트라는 최악의 결과를 초래한다.

부적절한 브리핑은 여전히 크리에이티브 업계에 만연하다. 급박한 작업 속도와 빠듯한 마감 기한이 일상인 크리에이터들은 중요하지 않은 작업에 브리핑으로 시간을 '낭비'할 수 없다고 말한다. 이런 근시안적인 태도는 결국 프로젝트에 악영향을 미친다.

사례를 하나 들어보겠다. 몇 년 전, 나는 대기업 클라이언트를 위해 콘텐츠 리테이너로 일한 적이 있다. 콘텐츠 리테이너란 1주일에 한 번씩 기업 블로그에 업데이트되는 특집 기사에 사용될 이미지를 제작하는 일을 그럴듯하게 표현한 것이다. 겉보기에는 '간단'한 업무의 특성상, 이 프로젝트에는 선임급 리더나 브리핑도 없었다. 대신 매주 디자이너 한 명을 선정해 이미지를 만들게 했다.

대개 'MOB 스프레드'(실제로 존재하는 금융 용어다)와 같은 추상적인 주제에 적합한 이미지를 찾기 위해 며칠 동안 게티이미지를 샅샅이 뒤지는 게 주 업무다. 일단 브리핑이 없기 때문에 디자이너는 도대체 'MOB 스프레드'가 무슨 뜻인지 찾느라 업무 시간의 절반 이상을 소비하게 된다. 나머지 시간에는 매일 자정까지 블랙홀 같은 스톡이미지들을 클릭하며 필사적으로 적합한 이미지를 찾아 헤맨다. 매일같이 이런 비효율이 반복되면 콘텐츠 리테이너 작업에 배정된 예산을 한참 벗어나 불필요한 비용을 소모하게 된다. 결국 수익을 얻는 것이 아니라 손해를 보는 구조가 되고 마는 것이다.

점차 사태가 악화되어 업무 프로세스를 바꾸지 않으면 프로젝트를 중단해야 할 수도 있는 상황이 닥쳤다. 앞서 언급한 브리핑 원칙을 고수하는 크리에이티브 디렉터는 조직의 혼란을 지켜본 뒤 기획 부서를 엄중

> 브리핑은 크리에이티브 프로젝트의 성패를 좌우한다고 해도 과언이 아니다.

브리핑을 해야 할까?

적절한 브리핑

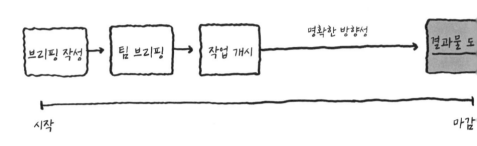

브리핑 누락

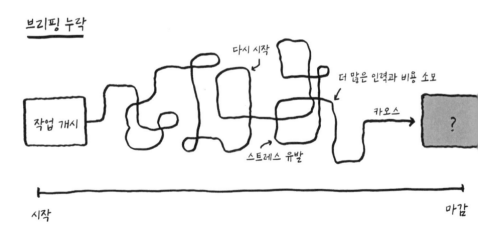

히 질책하고 업무를 바로잡았다.

게티이미지에서 이미지를 클릭하며 시간을 허비하는 일은 더 이상 일어나지 않았다. 대신 매주 이미지를 검색하기에 앞서 주제별 테마를 완벽히 파악하기 위한 명확한 브리핑을 실시했다. 다음으로 디자이너가 원하는 콘셉트 세 가지를 정하기 위한 간단한 브레인스토밍 세션이 이어졌다. 매주 한 시간씩 브리핑에 시간을 투자하자 방향성을 잃었던 콘텐츠 리테이너의 업무는 효율을 되찾았다. 시간을 절약했을 뿐 아니라 결과물의 질도 눈에 띄게 좋아졌다. 나 역시 이미지 몇 개를 직접 작업했고, 브리핑의 중요성을 일깨워준 그 결과물이 여전히 자랑스럽다.

부적절한 브리핑의 문제점

크리에이티브 브리핑은 구두로 끝나거나 충분한 정보를 담고 있지 않은 경우도 많다. 부적절한 브리핑은 일반적으로 다음과 같은 문제점을 안고 있다.

- 브리핑을 서면으로 기록하지 않거나 아예 작성하지 않는다.
- 크리에이터가 의문을 해소할 수 있는 대면 브리핑 회의가 없다.
- 브리핑 문서가 장황하다.
- 작업을 통해 기대하는 바와 전달할 결과물(과 책임자)이 불분명하다.
- 마감 기한이 분명하게 명시되어 있지 않다.

바람직한 브리핑의 핵심 요소

바람직한 프로젝트 브리핑을 위한 핵심 요소를 살펴보자. 먼저 프로젝트 시작 전에 의문점을 해소할 수 있는 대면 브리핑은 필수다. 다음으로, 프로젝트를 진행하면서 크리에이티브팀이 지속적으로 참고하고 활용할 수 있는 서면 브리핑이 후속적으로 진행된다.

객관적으로 작성하라

프로젝트의 규모가 너무 작거나 빠듯한 일정 때문에 마감 기한이 코앞이라도 사전에 브리핑을 준비하면 언제나 시간을 절약할 수 있다. 브리핑을 준비하고 진행하는 데 몇 시간 걸리겠지만, 적절한 브리핑이 선행되지 않으면 짧게는 며칠에서 길게는 몇 주까지 시간을 낭비하게 된다.

팀 브리핑 단계를 누락하지 말라

클라이언트와 일차적으로 프로젝트 브리핑을 하고 내부의 작업 우선순위를 토대로 다시 팀 브리핑을 진행해야 한다. 이 과정을 리브리핑이라고 부르며 이는 형식적인 절차 이상의 의미를 지닌다. 리브리핑을 통해 크리에이티브팀이 최고의 성과를 낼 수 있도록 업무의 우선순위를 정하고, 프로젝트 전반의 구조를 재설계하는 과정이 수반된다.

직접적인 대면 브리핑을 실시하라

서면 브리핑 외에도 직접적인 대면(또는 전화) 브리핑은 필수다. 클라이

좋은 브리핑	나쁜 브리핑

서면 전달

당장 앱을
디자인해!

구두로만 전달

중요 항목 명시
(글머리 기호 사용)

장황한 브리핑 문서

MAY

월	화	수	목	금	토	일

명확한 마감 기한

불분명한 마감 기한

언트나 기획팀은 프로젝트에 참여하는 크리에이터의 의문점을 확실하게 해소시켜야 한다. 대면 브리핑을 하면 크리에이티브팀에게 프로젝트에서 달성해야 할 목표를 직접 전달할 수 있다.

질문을 독려하라

크리에이터들은 좀처럼 질문을 하지 않는다. 프로젝트 진행에 차질이 없도록 크리에이터들에게 적극적으로 질문을 유도하자.

브리핑 문서 작성 공식

훌륭한 브리핑 문서를 작성하는 방법은 생각보다 간단하다. 모든 브리핑 문서는 어떤 프로젝트에도 적용이 가능한 간단한 공식을 따른다. 간결하고 명확하게 핵심을 담고, 장황한 문장을 나열하지 않고, 글머리 기호를 사용해 중요 항목을 명시해야 한다는 점이다. 분량은 두 장을 넘기지 않는 것이 좋다. 브리핑 문서가 길어지면 크리에이터는 금세 지루함을 느낀다. 바람직한 브리핑 문서를 작성하는 방법은 일반적으로 다음과 같은 구조를 따른다.

배경

배경은 클라이언트가 프로젝트를 진행하는 근본적인 이유를 파악하는데 도움을 준다. 새로운 경쟁자의 등장으로 참신한 캠페인을 진행하거

브리핑 문서 분석하기

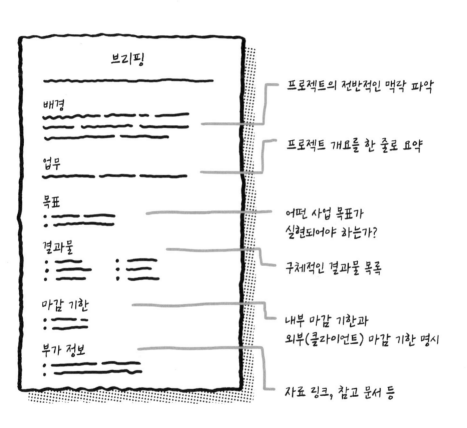

브리핑

배경

업무

목표

결과물

마감 기한

부가 정보

프로젝트의 전반적인 맥락 파악

프로젝트 개요를 한 줄로 요약

어떤 사업 목표가
실현되어야 하는가?

구체적인 결과물 목록

내부 마감 기한과
외부(클라이언트) 마감 기한 명시

자료 링크, 참고 문서 등

나 최근의 사용자 피드백을 토대로 애플리케이션의 홈 화면을 개정하고 싶을 수도 있다. 배경은 보통 한두 단락의 문장으로 구성되며, 브리핑 문서에서 가장 긴 부분이기도 하다(때문에 간혹 배경 항목을 무시하고 넘어가는 경우도 발생한다).

과제

프로젝트에서 우리가 해야 할 일은 정확히 무엇인가? 업무에 대한 정의는 한 줄이면 충분하다. 클라이언트에게 제출할 상세한 결과물은 다음 항목에서 명시한다.

목표

프로젝트를 통해 해결해야 할 구체적인 사업 목표나 사용자 목표가 있다면 반드시 브리핑 문서에 명시해야 한다. 판매량을 늘리고 싶은가? 사용자가 기업 페이지에 접근하는 더 쉬운 방법을 찾는가? 목표는 언제나 구체적이고 정량화할 수 있어야 한다.

전략

전략은 광고 캠페인이나 브랜드 프로젝트를 위한 필수 요소다. 따라서 브리핑에는 최종 사용자에게 전달되는 핵심 메시지나 브랜드 메시지가 담겨 있어야 한다. 제대로 된 전략 없이는 비현실적인 아이디어에서 벗어나기 힘들다. 이를테면 부드러운 사용감이 최대 장점인 신규 화장지 브랜드 캠페인에서 '보드람은 시중에서 가장 부드러운 티슈'라는 동어 반복의 홍보 전략을 내세우는 것과 같다.

결과물

클라이언트에게 전달할 결과물 목록은 글머리 기호를 사용해 간결하고 명확하게 기재해야 한다. 과장은 절대 금물이다. 브리핑 문서에서 가장 신중하게 작성해야 하는 단계가 바로 '결과물 목록'이다. 이를테면 콘셉트는 몇 가지 버전으로 제시해야 하는가? 이미지 광고는 어떤 사이즈가 필요한가? 등이다.

마감 기한

최종 마감일 외에도 프로젝트 진행 중에 발생하는 핵심 단계별 마감일을 명시해야 한다. 내부 검토일, 1차 클라이언트 프레젠테이션, 수정된 디자인을 반영한 최종 프레젠테이션, 최종 제작 마감 등 구체적인 단계별 마감 기한 제시는 필수다.

부가 정보

프로젝트와 관련된 부가적인 정보를 제시한다. 브리핑 문서에 항목별 부가 정보를 포함하는 목적을 구체적으로 밝히고, 필수적인 정보와 선택적인 정보를 구분한다. 브리핑 문서에 백과사전 분량의 장황한 부가 정보를 담는 일은 없길 바란다. 전하고자 하는 요점을 파악하는 데 도움이 되는 사례가 있다면 포함하는 것이 좋다. 사례를 포함시킨 목적 역시 분명히 밝혀야 한다. 예컨대 유사한 문제를 참신한 방법으로 해결한 외부 애플리케이션 디자인을 부가 정보에 포함한다면, 참고할 특정 기능이 무엇인지 다음과 같이 명시한다. "애플리케이션 내부에서 프로필을 전환하는 방법을 확인하려면 인스타그램을 참고하시오."

클라이언트의 의도에 적중한 결과물 만드는 방법
: 시각적인 브리핑

크리에이티브 작업의 시각적 중요성을 고려하면 때로 서면 브리핑만으로는 불충분한 경우가 생긴다. 비시각적인 클라이언트는 프로젝트 결과가 시각적으로 어떻게 보이고 느껴져야 하는지 분명하게 표현하는 데 어려움을 겪는다. 따라서 에이전시들은 다양한 콘셉트를 제작해 하나라도 클라이언트의 의도에 적중하기를 바란다. 불필요한 추측성 작업을 배제하려면 비시각적 클라이언트에게 효율적으로 시각적인 브리핑을 제공하는 과정이 필요하다. 이는 시작부터 방향성을 잃지 않고 클라이언트의 의도에 맞는 결과물을 만들어낼 수 있는 가장 좋은 방법이다. '시각 언어 분석'을 통해 클라이언트에게 시각적인 브리핑을 제공하자.

시각 언어 분석은 프로젝트의 시각적인 방향을 결정하는 데 도움을 주는 실제적인 연습 과정이다. 대형 크기의 벽면 게시판에 준비된 참고 자료를 붙인 뒤 활동을 개시한다. 클라이언트(또는 클라이언트 그룹)는 게시판에 붙어 있는 항목을 하나씩 제거하고, 바꾸고, 메모하는 과정을 통해 최종적으로 특정 항목이 남겨진 이유를 설명하는 과정을 거친다 (예: 이 서체는 현대적인 이미지가 있어서 우리 브랜드에 적합한 느낌을 준다).

이 활동은 클라이언트에게 자사의 브랜드나 제품이 시각적으로 어떻게 보이고 느껴져야 하는지에 대한 직감을 공유하는 자리를 마련해준다. 디자인 지식이 많아서 "우리 브랜드는 더 체계적인 느낌을 주기 위해 돋움체를 사용해야 한다"라고 말할 수 있는 클라이언트는 많지 않을 것이다.

철저한 사전 준비가 필요한 활동이지만, 클라이언트의 선호도를 모르는 상태에서 수십 개의 크리에이티브 콘셉트 준비로 헛고생을

크리에이티브 작업의 시각적 중요성을 고려하면 때로 서면 브리핑만으로는 불충분한 경우가 생긴다.

하는 것보다는 훨씬 효율적이다. 한 가지 명심할 점은 시각 언어는 특정 주제를 설명하기 위해 구성하는 무드보드(mood board)와는 다르다는 것이다. 이 활동은 무한한 가능성이 잠재된 시각적 환경에서 클라이언트가 자사의 브랜드나 제품의 포지션을 정확하게 파악하는 역할을 한다. 이처럼 직접적인 대면 브리핑과 훌륭한 서면 브리핑을 결합하면 크리에이터에게 유용한 브리핑이 완성된다.

시각 언어 연습 활동

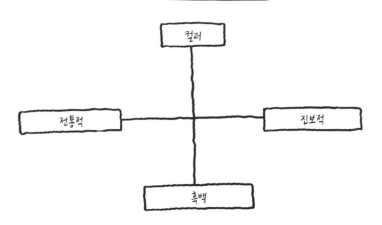

1. X축과 Y축을 정의한다.

3. 클라이언트는 자사의 브랜드에 부적합한 아이템을 하나씩 제거한다.

2. 다양한 참고자료를 활용해 벽면 게시판을 만든다.

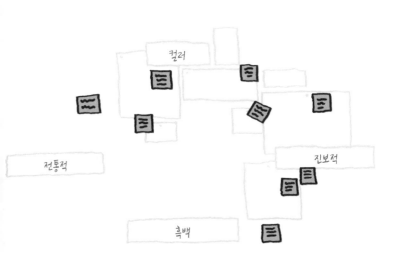

4. 토론을 거쳐 완성된 메모는 크리에이티브 브리핑의
기초 자료로 활용된다.

7장

피드백

: 좋은 결과물 뒤에는 좋은 피드백이 있다

크리에이티브 산업을 논할 때 업계에 떠도는 괴짜들의 이야기를 빼놓을 수 없다. 그들은 프로젝트가 한창 진행되는 중에 갑자기 변덕이 들끓어 모든 팀원이 몇 주간 해온 작업을 중단시킨다. '위대한 창의성'을 추구한다는 미명하에 모든 작업을 뒤엎고 새로운 시작을 외친다. 질적으로 더 뛰어난 결과물을 만들기 위한 결단은 이해할 수 있다. 하지만 내 경험상 크리에이티브 업계의 수많은 리더는 팀원에게 제대로 된 피드백을 전달하는 데 실패하고 불필요한 업무를 배가한다.

명확한 피드백은 뛰어난 결과물을 만드는 핵심이라고 해도 과언이 아니다. 전하고자 하는 바가 확실하고 직접적인 피드백은 상대방을 난처하게 하는 피드백과는 다르다. 어떤 이에게는 당연한 것이 경험이 부족한 이에게는 반대의 경우가 될 수도 있다. 특히 크리에이티브 디렉터와 주니어 디자이너에게 이런 상황은 비일비재하게 일어난다. 크리에이티브 디렉터는 주니어 디자이너의 무지를 탓하고, 영문 모르는 디자이너는 쉽게 좌절하는 결과를 초래한다.

디자인 디렉터로 근무하던 첫해에 나는 팀원이 제시한 해결책에 대한 피드백을 할 일이 많았다. "좀 더 대담해질 필요가 있어." "좀 더 장대하고 서사적으로 만들 순 없을까?" 지나고 보니 내 피드백은 부끄러울 정도로 형편없었다. 구체적이지도 않고, 모호하고, 쓸모없었다.

훌륭한 리더라면 브리핑이나 피드백을 제공할 때 직급이 낮은 직원(적어도 실력 있는 주니어 직원)의 눈높이에 맞춰야 한다. 리더가 원하는 바를 팀원이 제대로 이해하지 못하면 백 번의 피드백도 무용지물이기 때문이다. 피드백을 하고 난 뒤에도 결과에 긍정적인 변화가 없다면 그것은 리더의 탓이지 팀원의 책임이 아니다.

피드백에는 타당한 근거가 필수다

최악의 피드백으로 악명 높은 크리에이티브 리더 그룹을 소개하겠다. 늘 우리 곁에서 고고한 자의식을 뽐내는 병적인 자기중심주의자들이다.

그들에게 피드백이란 타인에게 자신의 위대함을 드러낼 둘도 없는 기회다. 사람들 앞에서 남보다 '돋보이는 것'에 집착하고 '화려했던 옛 시절'을 들먹이며 거드름을 피운다. 그들은 특별하다고 믿었던 자신의 알량한 기술마저 빠르게 구식으로 변해가는 현실을 강하게 거부한다.

아이폰을 제대로 써본 적도 없는 오십대 남성이 스마트폰 시대의 중심축인 이십대 디지털 디자이너에게 모바일 사용자 환경의 개선 방안에 대해 설교를 펼친다. 얼마나 우스꽝스러운가? 누가 들어도 황당한 상황이지만 크리에이티브 업계에서 이런 일은 일상이다. 특히 대형 에이전시라면 당신이 글을 읽고 있는 지금 이 순간에도 같은 상황이 벌어지고 있을 것이다.

대부분의 에이전시에는 자기애 넘치는 크리에이티브 디렉터가 적어도 한 명쯤은 존재한다. 자기 목소리마저 사랑스러워 어쩔 줄 모르는 자의식 과잉자들이다. 내가 만난 이런 유형의 사람들 가운데 가장 기억에 남는 인물은 대형 에이전시의 중역 크리에이티브 디렉터였던 거트루드였다. 거트루드는 크리에이티브 업계가 탄생시킨 몹시 고약한 인물이다.

> 명확한 피드백은 뛰어난 결과물을 만드는 핵심이라고 해도 과언이 아니다. 전하고자 하는 바가 확실하고 직접적인 피드백은 상대방을 난처하게 하는 피드백과는 다르다.

내가 근무하던 에이전시와 그가 소속된 에이전시의 공동 프로젝트로 거트루드를 처음 만나게 되었다. 그는 광고업계에서 30년 이상 경력을 쌓은 냉정하고 쌀쌀맞은 사람이었다. 그의 회사에는 1천여 명의 직원이 근무하고 있었는데 그가 직원을 대하는 방식을 보면 다들 못 견디

피드백 블랙홀

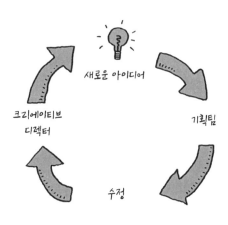

새로운 아이디어

크리에이티브
디렉터

기획팀

수정

마감 기한 직전까지 이 과정이 반복된다!

고 회사를 나가지 않는 것이 신기할 지경이었다. 거트루드는 모든 직원 위에서 독재자처럼 군림했다. 특히 피드백을 할 때 그의 악랄함은 여지 없이 드러났다.

그가 피드백을 전달할 때는 항상 청중이 많아야만 했다. 피드백 회의는 가장 규모가 큰 회의실에서 화려하게 열렸고, 관련 없는 직원들까지 불러오기 일쑤였다. 먼저 프로젝트 진행 상황을 영화관 스크린 크기의 회의실 화면에 띄우고, 참석자들은 회의실에 착석한다. 모두가 자리에 앉은 후에야 비로소 거트루드는 회의실의 맨 앞에 등장하곤 했다.

그가 화면에 뜨는 발표 자료를 노려볼 때마다 팀원들의 얼굴에는 긴장한 표정이 역력했다. 회의실에서 들리는 유일한 소리는 프로젝터의 소음과 거트루드의 거친 숨소리뿐이었다. 영겁과도 같은 시간이 지나고 나면 그는 목청을 가다듬고 영화 〈반지의 제왕〉에 등장하는 어둠의 군주 사우론처럼 갈라진 목소리로 입을 열었다. "버튼 색깔을 녹색으로 만든 사람이 누구지?" 회의실은 순식간에 두려움으로 얼어붙었다. 다른 회사 직원인 나조차도 겁에 질려 하마터면 오줌을 지릴 뻔했다.

회의실 한쪽 구석에서 비장한 표정의 팀원 한 명이 천천히 손을 들며 말했다. "클라이언트 브랜드 컬러가 녹색이라서 그쪽에서 요청한 대로 작업했습니다…" 그가 더듬거리며 대답하는 도중에 거트루드는 직원의 말을 단번에 자르며 소리를 질렀다. "왜 이렇게 멍청해? 녹색은 혐오스러운 색이야. 구토가 나오는 색이라고. 사람들이 토하는 꼴을 보고 싶어? 이 페이지 전체가 구토를 유발하잖아. 이 빌어먹을 머저리 같으니라고."

거트루드는 부들거리며 자리에서 일어나 디자인팀에게 고함을 치기 시작한다. 늘 반복되는 래퍼토리에서 벗어나지 않는다. "너희가 크리에이티브에 대해 아는 게 뭐야? 안전한 것만 찾으려고 하지 새로운 아이디어들은 완전히 놓치고 있어. 내가 1986년에 만든 역대급으로 성공한 광고 캠페인을 떠올려봐. 대단한 명성이었지. 이 따위 작업과 비교할 가치가 있어 보여?"

그는 회의실 앞쪽의 커다란 화면을 가리키며 고래고래 소리를 질렀다. 당시에는 감히 말도 꺼낼 수 없었지만, 화면에는 사용자 인터페이스와 관련된 '오류 보고' 내용이 담겨 있었다. 그 내용과 창의적인 명성이 대체 무슨 상관이란 말인가?

다행히도 우리 에이전시 팀은 거트루드의 분노의 대상은 아니었다. 프로젝트 론칭이 다가오던 어느 날, 우리는 그에게 피드백이 담긴 이메일을 하나 받았다. 일관성 없는 영어로 적힌 그 메일 내용은 거의 마구잡이였다. 거트루드는 특별히 강조하고 싶은 문장을 크게 대문자로 표기했다. 대문자로 표기된 내용은 "제정신입니까?" "이 디자인은 정말 당혹스럽군요"였다.

그가 쓴 피드백에는 실행 가능한 생산적인 내용은 전혀 없었다. 단순한 불평 외에는 쓸모없는 피드백이었다. 우리 팀원들은 피드백을 읽고 난 뒤 함께 모여 장황한 비난 뒤에 숨은 거트루드의 의도를 해석하려고 애썼다. 결국 우리는 홈페이지 전화번호 양식에 표기할 사용자 인

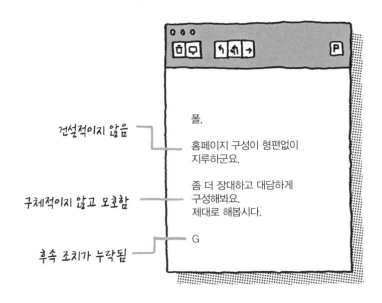

건설적이지 않음

구체적이지 않고 모호함

후속 조치가 누락됨

폴.

홈페이지 구성이 형편없이 지루하군요.

좀 더 장대하고 대담하게 구성해봐요.
제대로 해봅시다.

G

터페이스 디자인을 '덜 당혹스럽게' 만드는 것이 그의 의도라는 결론을 내렸다. 전화번호 양식을 어떻게 만들어야 덜 당혹스러울 수 있을까? 프로젝트 론칭이 시급하지만 않았다면, 용기를 내 그에게 직접 물어봤을 것이다.

거트루드 같은 사람들이 간과하는 사실은 피드백의 목적이다. 피드백의 주된 목적은 팀원들이 혁신을 통해 최고의 결과를 얻도록 만드는 것이다. 바람직한 피드백은 팀원들의 성장에 중요한 역할을 한다는 사실도 빼놓을 수 없다. 팀원들이 독립적으로 일하고 성장하는 방법을 배울 수 있는 소중한 기회가 바로 피드백을 통해서다. 하지만 과도한 자의식으로 가득 찬 이들에게 팀의 성장은 전혀 고려 대상이 아니다.

한 가지는 분명히 짚고 넘어가겠다. 피드백을 받고 누구나 즐겁고 기분이 좋아야 한다는 말은 절대 아니다. 반대의 경우가 대다수다. 직접적이고 솔직한 피드백이 없다면, 우리는 지루하고 흔해 빠진 결과를 내며 혁신 없는 세상에서 살게 될지도 모른다. 좋은 피드백은 뛰어난 성과를 내는 팀을 만드는 핵심 요소다.

피드백이 좋고 나쁜 것과는 상관없이, 각각의 피드백에는 타당한 근거가 제시되어야 한다. 그런 과정 없이 팀이 성장하기를 기대하는 것은 무의미하다. 부정적인 피드백도 건설적인 방향으로 제공된다면 좋은 기회가 된다. 자의식으로 똘똘 뭉친 리더가 어떤 합리적인 근거도 없이 "다 뒤엎고 새로 시작해"라고 윽박지른다면, 과연 어떤 팀이 배움의 기회를 얻을 수 있을까?

피드백을 할 때 지켜야 할 원칙

인격적이고 부드러운 매너로 날카로운 피드백을 전달하는 방법을 살펴보자(피드백을 통해 팀원들에게 학습 기회를 마련해줄 수도 있다).

직접적이고 정직한 피드백을 하라

듣기 좋은 말로 포장하지 말라. 피드백은 언제나 직접적이고 솔직해야 한다. 사탕발림으로 피드백을 전하는 크리에이티브 디렉터들은 흔해 빠진 성과를 내는 데 그치고 만다. 상대방에 대한 존중을 담아 정중하게 말하되, 직접적이고 단호하게 핵심을 전달하라. 팀원들이 모든 일을 다시 뒤엎어야 하는 상황이 와도 죄책감이나 두려움을 느끼지 말라.

긍정적이고 건설적인 피드백을 하라

자의식으로 가득 찬 리더들은 자신의 권한이나 통제력을 절대 다른 사람에게 넘겨주려고 하지 않는다. 바로 이것이 그들이 형편없는 리더임을 증명한다.

훌륭한 크리에이티브 리더의 역할은 좋은 성과를 내는 것뿐 아니라, 스스로 성장할 수 있는 팀을 만드는 것도 포함된다. 피드백을 제공할 때는 항상 상대방이 이 경험을 통해 어떤 점을 배울 수 있는지 자문해야 한다. 훌륭한 팀을 형성하려면 건설적인 피드백을 통해 개인의 능력과 자신감을 높이는 단계가 우선되어야 한다.

크리에이터는 다양한 실험 정신과 마음껏 실수하는 과정을 거쳐 최

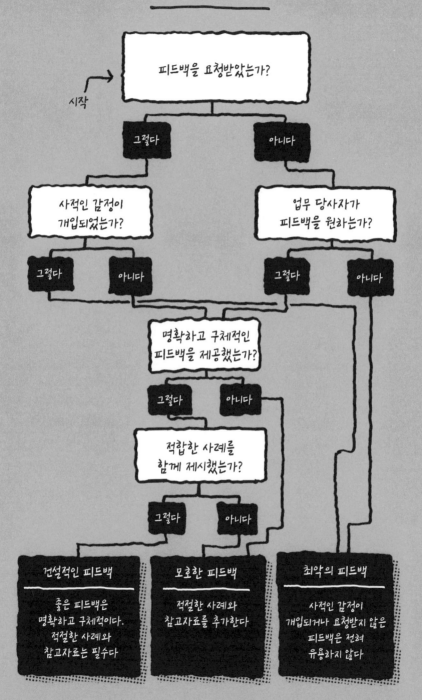

고의 결과를 만들어낸다. 상사의 반응을 두려워하고 눈치 보는 일이 반복되면 부정적인 결과는 불 보듯 뻔하다.

모호함을 배제하고 명확한 피드백을 하라

의도가 좋다면 좋은 피드백이 될 수 있을까? 좋은 의도로 피드백을 전달하는 크리에이티브 리더들조차 부족한 요소가 바로 피드백의 명확성이다. 피드백은 간결하고, 분명하며, 실행 가능해야 한다.

좋은 피드백은 언제나 구체적이므로 모호함의 여지가 없다. "홈페이지 구성이 더 장대해야 한다"와 같은 애매한 표현을 지양하고 명확한 언어로 피드백을 전달하자. 이를테면 "홈페이지의 흰색 배경과 불충분한 이미지는 전체적인 사이트 디자인을 지루하고 단순하게 만든다. 메인 상단에 패턴이 돌아가는 백그라운드 영상을 추가하고, 홈페이지 배경색을 반전하는 기능을 사용해 임팩트를 주자"와 같다.

적합한 사례를 제시하라

구두나 서면 피드백이 명확하게 전달된다고 해서 항상 충분한 정보를 주는 것은 아니다. 전하고자 하는 핵심이 담긴 사례를 피드백과 함께 제시하는 방법을 활용해보자. 예컨대 과거에 작업했던 '지루한 홈페이지 디자인'과 비교해 새로운 백그라운드 영상이 웹사이트에서 실질적으로 어떻게 적용되는지 보여주는 식이다.

질문을 독려하라

크리에이터(특히 주니어 직원)는 남들이 멍청하다고 생각할까 봐 질문을 두려워하고 기피한다. 회의에서 이런 분위기를 조장하는 리더가 있다면 그 사람이야말로 한심하고 멍청한 상사다. 피드백 회의에는 질의응답 시간을 반드시 포함하고, 모든 팀원이 적어도 한 가지 이상의 질문을 할 수 있도록 독려하자.

피드백을 받을 때 지켜야 할 원칙

크리에이티브 디렉터나 디자인 디렉터가 명확하고 건설적인 피드백을 제공할 책임이 있듯이, 크리에이터는 훌륭한 성과를 내기 위해 피드백을 올바르게 해석해야 한다. 크리에이터의 관점에서 피드백을 받을 때 지켜야 할 몇 가지 원칙들을 살펴보자.

브리핑을 읽으라

당연하게 들릴지 모르지만, 결코 간과해서는 안 되는 요소가 브리핑이다. 직장인이라면 더 이상 학생처럼 행동하는 일은 없어야 한다. 맡은 업무를 철두철미하게 이해하는 것은 선택이 아니라 필수다. 브리핑은 반드시 꼼꼼하게 읽어보자.

브리핑을 다시 읽으라

왜 같은 말을 반복한다고 생각하는가? 어쩌면 브리핑에서 중요한 점을 놓쳤을지도 모른다. 특히 상세한 결과물 목록을 정확하게 다시 검토하자.

질문을 하라

크리에이터 대다수는 엉뚱한 질문이 자신을 멍청하게 보이게 할까 봐
두려워한다. 브리핑 회의에서도 침묵을 고수하고 제대로 파악하지 못
한 내용이 있어도 회의가 끝난 뒤 동료들에게 물어볼 뿐이다. 한 가지
는 명심하자. 세상에 멍청한 질문이란 없다. 멍청하게 보이는 것이 두
려워 질문을 피하는 멍청이가 존재할 뿐이다. 잘 모르는 내용이 있으면
주저하지 말고 물어보자.

메모를 하라

나를 비롯한 많은 크리에이터들은 메모를 귀찮아한다. 이런 현상은 특
히 주니어와 인턴에게 더 두드러지는 경향이 있다. 슈퍼히어로 같은 기

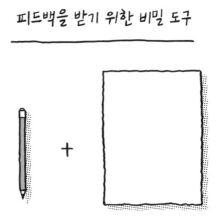

피드백을 받기 위한 비밀 도구

억력을 가진 사람은 거의 없다. 귀찮더라도 종이와 펜을 준비해 메모하
는 습관을 기르자.

8장

프레젠테이션

: 성공하는 크리에이티브 프레젠테이션의 비밀

모든 크리에이티브 프로젝트는 크리에이터의 맥북을 떠나는 시기를 맞이한다. 바로 클라이언트의 평가를 위해서다(인하우스 부서라면 '클라이언트'는 조직 내부의 이해관계자를 가리킨다). 발표에 능한 소수의 사람들에게 프레젠테이션은 전혀 긴장할 일이 아니다. 하지만 주니어 직원을 비롯한 대부분의 크리에이터에게 프레젠테이션은 몹시 두려운 장벽이다. 많은 이가 비판적으로 지켜보는 가운데 30분 동안 연속으로 발표를 이어나가는 것은 결코 쉬운 일이 아니다. 손바닥은 땀으로 축축해지고 갑자기 잠겨오는 목은 피할 수 없는 현상이다. 지나치게 긴장한 나머지 당장이라도 땅이 갈라져 끝없는 나락으로 떨어지기를 갈망하는 지경에 이르기도 한다.

크리에이티브 프레젠테이션에 관해 사람들이 간과하는 사실이 한 가지 있다. 말솜씨가 좋은 크리에이티브 디렉터라고 해도 실제로 결과물을 만든 사람만큼 발표 내용을 잘 이해할 수는 없다는 점이다. 훌륭한 프레젠테이션은 언변만이 다가 아니다. 크리에이터가 고안한 해결책을 클라이언트가 깊이 이해하고 검토할 수 있도록 안내하는 일이 핵심이다. 무대 체질이 아니어도, 말을 더듬어도 상관없다. 전달하는 바를 정확히 파악하고 말하는 사람은 누구도 이길 수 없다. 작업에 직접 참여한 사람의 깊은 이해와 실질적인 지식은 대체할 수 없기 때문이다. 모든 일이 그렇듯 프레젠테이션에도 올바른 방식과 그렇지 않은 방식이 존재한다.

'서프라이즈' 접근법, 과연 효과적일까?

전통적으로 크리에이티브 프레젠테이션은 마술쇼처럼 이루어졌다. 주인공인 마술사들(일반적으로 크리에이티브 디렉터)은 결과물을 극적으로 공개함으로써 클라이언트를 놀라게 한다. 수십 장의 '인상적인' 프레젠테이션 슬라이드와 장황한 독백을 거쳐 결과물을 공개하는 순간이 찾아온다.

프레젠테이션 자료에는 아낌없는 예산을 투여한다. 아이디어를 판매하기 위해 온갖 화려한 기술을 동원해 클라이언트를 사로잡아야 하기 때문이다. 이 단계는 자의식 넘치는 리더들이 기대하던 쇼 타임이다. 그들에게는 한 해의 하이라이트를 장식하는 순간이나 다름없다.

내가 아는 가장 유명한 쇼맨 중 한 명은 지금은 은퇴한 악명 높은 크리에이티브 디렉터 아서다. 1950년대에 이름을 날렸던 이 광고쟁이는 '기습적인 공개'를 누구보다 중요시 여겼다. 프레젠테이션을 할 때면 언제나 클라이언트를 열광시킬 만한 최상의 쇼맨십을 동원했다.

그의 단골 소재는 실제 마술사가 갖고 있을 법한 거대한 골동품 철제 케이스를 활용하는 것이었다. 프레젠테이션의 규모와 상관없이 발표를 할 때마다 아서는 그 괴상한 케이스를 클라이언트의 사무실로 운반했다. 거대한 케이스가 도착하면, 아서는 바퀴가 달린 철제 케이스를 끌고 회의실 앞쪽으로 간다. 극적 효과를 위해 잠시 모든 행동을 멈추고 정적을 즐기는 단계도 빼놓을 수 없다. 그는 곧 심호흡을 한 뒤 쾅 소리와 함께 책상 위로 철제 케이스를 올려놓는다.

아서의 원맨쇼를 처음 본 클라이언트들은 감탄인지 모를 소리를 내뱉고, 잠시 회의실은 고요해진다. 적막이 지나면 아서는 낮고 극적인 목소리로 자신감에 찬 독백을 시작하곤 한다. 그는 클라이언트의 시선을 즐기며 천천히 아이디어를 풀어놓는다. 침묵을 한 번 더 연출한 뒤 아서는 케이스를 조심스레 연다. 케이스 안에는 고대의 공예품처럼 두 장의 유리 사이에 오늘 발표한 광고 콘셉트 한 장이 출력되어 있다. 클라이언트는 열광한다. 유리판 사이에 개똥을 칠해놓아도 박수갈채가 끊이지 않았을지 모른다.

이런 극적인 순간을 연출하려면 '결과물'이라는 재료가 필요하다. 전통적인 에이전시에서는 현란한 프레젠테이션 이면에 주니어 크리에이터의 피나는 노력이 숨어 있다. 대부분의 결과물을 만들어내는 것은 클라전통적으로 크리에이티브 프레젠테이션은 마술쇼처럼 이루어졌다. 이언트와 소통할 기회가 전혀 없는 주니어이기 때문이다. 최종 프레젠테이션을 제외하면 크리에이티브 디렉터가 프로젝트에 전혀 관여하지 않는 경우도 비일비재하다.

프로젝트의 절차는 흔히 다음과 같다. '기습적인 공개'가 이루어지기 몇 주 혹은 몇 달 전에 클라이언트가 프로젝트를 의뢰한다. 상호 협의하에 브리핑을 작성하는 절차를 거친다. 다음 과정은 불 보듯 뻔하다. 크리에이티브팀은 한동안 어두운 동굴 속으로 들어간다. 몇 주나 몇 달이 지나면, 클라이언트의 사업을 혁신할 만한 원대한 아이디어를 들고 현대판 예수처럼 무덤에서 부활한다.

'기습적인 공개' 방식은 클라이언트의 지루한 오후에 활력을 불어넣어 줄 만한 이벤트가 될 수도 있다. 하지만 성공 여부는 하늘에 맡기는 것이나 다름없다. 크리에이터는 신이 아니기에 클라이언트의 마음을 읽을 수 없다. 따라서 결과물의 '기습적인 공개'가 클라이언트의 마음을 사로잡을지는 미지수다. 자사의 사업을 가장 잘 이해하는 클라이언트를 작업 과정에서 완전히 배제하기에 어쩌면 당연한 결과일지도 모른다.

정기적인 업무 검토의 중요성

크리에이티브 작업을 인정받는 진짜 비결은 간단하다. 충분한 협업과 검토가 배제된 이벤트성 프레젠테이션을 지양하는 것이다. 그리고 클라이

프레젠테이션 성패의 갈림길

올바른 방법

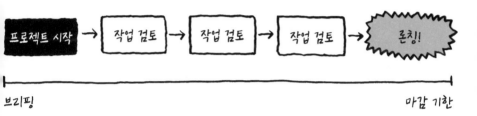

잘못된 방법

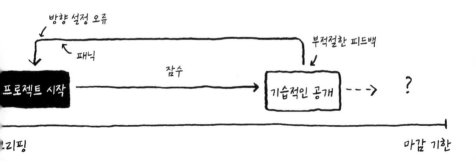

언트를 최종 프레젠테이션뿐만 아니라 프로젝트가 진행되는 모든 과정에 적극적으로 참여시키는 것이 바람직하다. 전후 배경이 전무한 상태에서 무턱대고 '서프라이즈'를 즐길 사람은 없다. 명심하자. 클라이언트가 프로젝트 과정에 더 깊이 관여했다고 느낄수록 성공 확률은 높아진다.

프로젝트가 진행되는 동안 작업의 정기적인 검토와 투명한 진행 방향의 공개는 불필요한 추측이나 모호함을 피하게 한다. 매일 아침 15분간 '일일 스탠딩 회의'를 열어 전날 한 일과 오늘 할 일에 대해 업무를 공유해보자. 가장 중요한 것은 스탠딩 회의에 클라이언트를 참석시키는 것이다. 클라이언트가 프로젝트에 적극적으로 관여한다고 느끼는 것이 중요하다. 그 외에도 약 2주 간격으로 진행되는 작업 검토 회의에도 클라이언트를 참석시키자.

에덴슈피커만에서는 거의 모든 프로젝트에 '스크럼' 방법론(스크럼은 프로젝트 관리에 효과적인 개발 방법으로, 프로젝트 진행 단계에서 주로 쓰인다)을 도입했다. 그 과정에서 격주로 클라이언트와 함께 프로젝트 작업을 공동으로 검토하는 시간을 가졌다. 이러한 협동적인 접근 방식은 클라이언트와 에이전시 양측 모두가 프로젝트의 시작부터 끝까지 투명하고 일관성 있게 업무를 추진할 수 있음을 뜻한다.

프레젠테이션의 기본 원칙

의사 결정자(클라이언트)가 프로젝트에 비교적 깊숙이 관여하는 이상적인 방식을 취해도 공식적으로 결과물을 발표하는 순간은 찾아온다. 팀원들이나 상사나 클라이언트 앞에서 발표를 해야 할 때 적용할 수 있는 성공적인 크리에이티브 프레젠테이션의 기본 원칙을 살펴보겠다.

가능한 대면 프레젠테이션을 진행하라

크리에이티브 프레젠테이션은 대면으로 진행하는 것이 가장 좋은 방법이다. 상황이 여의치 않으면 최소한 전화 통화로라도 결과를 전달해야 한다. 크리에이터가 제시하는 해결책의 전후 맥락과 통찰력을 파악하려면 이메일로는 불충분하다. 프로젝트의 절차나 결과에 대한 상세한 설명 없이 이메일로 결과물을 보내고 끝내는 것은 재앙을 부르는 지름길이다.

프레젠테이션의 개요를 명시하라

모든 프레젠테이션은 발표 내용에 대한 클라이언트의 기대치를 사전에 명확하게 설정해야 한다. 이제 막 첫 번째 스토리보드를 발표하는 중에 의문을 제기하는 클라이언트가 등장하는 것만큼 최악의 상황은 없다. "약속했던 애니메이션 완성본은 언제 나오죠?" 기대 항목을 명확하게 설정하면 훨씬 더 순조롭게 프레젠테이션을 진행할 수 있다.

화려한 쇼가 없다고 두려워하지 말라

불필요한 헛소리는 때려치우자. 프레젠테이션에 할애하는 시간이 짧은지는 중요하지 않다. 성공적인 프레젠테이션의 핵심은 결과물의 내용을 철저하게 파악하고 전달하는 것이다. 불확실한 내용은 빼야 한다.

결과물에 확신을 가지라

프레젠테이션에 어떤 내용을 담을지 결정하고 나면 한 가지를 명심해야 한다. 클라이언트의 오케이 사인을 기대한다면 발표 내용에 대한 확신이 우선이다. 발표할 자료가 고작 똥이 그려진 그림 한 장이라고? 상관없다. 그 이미지가 프레젠테이션에 담겨야 한다면 지금부터 그 그림은 역사상 가장 위대한 똥의 이미지가 된다.

브랜딩 프로젝트를 맡은 적이 있다. 당시 여러 내부적인 문제로 끔찍한 결과물이 나왔고, 클라이언트 앞에서 프레젠테이션을 하기 10분 전에 그 발표 자료를 접하게 되었다. 내가 내린 결정은 무드보드 슬라이드 한 장을 제외한 나머지 발표 자료를 모두 삭제하는 것이었다. 나는 확신을 갖고 하나의 슬라이드로만 발표를 했다. 그 무드보드 한 장에 담긴 방향이 최고의 해결책이 될 수 있다는 점을 강조했다. 놀랍게도 클라이언트는 내가 제시한 방향에 대단히 호의적인 반응을 보였다.

주니어 직원에게 프레젠테이션을 맡기라

대형 에이전시에 근무하는 크리에이티브 디렉터급 이하의 직원은 클라이언트와 직접적인 교류가 없는 것이 현실이다. 이는 다음 몇 가지 이유로 부적절한 업무 방식이다. 첫째, 크리에이티브 디렉터가 실질적으로 작업에 참여하는 경우는 굉장히 드물다. 따라서 업무와 관련된 클라이언트의 상세한 질문에 답변이 불충분할 가능성이 높다. 둘째, 주니어 직원의 능력이 향상되기를 바라면서 직접 참여한 작업을 발표할 기회도 주지 않는 것은 어불성설이다. 일을 맡은 당사자가 발표를 주도할 수 있도록 독려하라.

내가 에덴슈피커만 베를린 오피스에서 일할 때, 주니어 직원에게 클라이언트와 소통할 기회를 최대한 많이 주었다. 프레젠테이션에 관한 우리의 원칙은 확고했다. 프로젝트 결과물을 만든 당사자가 발표를 하는 것이었다.

훌륭한 프레젠테이션 자료 만들기

정해진 공식은 없다. 좋은 프레젠테이션은 다음 요소를 포함한다.

프레젠테이션의 목적

프레젠테이션의 목적을 간결하게 한 줄로 명시하자. 예컨대 '피드백을 토대로 한 2차 로고 디자인 검토'와 같다. 목적을 명시하는 것은 듣는 이들에게 유용할 뿐 아니라, 회의에 참석하지 않은 다른 이해관계자들과 추후 자료를 공유할 때에도 내용을 파악할 수 있게 한다.

핵심 항목 표기

발표할 내용을 항목별로 명확하게 표기해 혹시라도 클라이언트가 실망하는 일을 미연에 방지한다. 이를테면 발표 내용을 항목별로 글머리 기호를 사용해 다음과 같이 표기한다.

- 프로젝트 목표 요약

- 수정된 로고 디자인 스케치
- 인쇄물 애플리케이션 샘플
- 디지털 애플리케이션 샘플

프로젝트의 목표

프로젝트의 목표와 크리에이티브 해결 방향을 명시한다. 결론을 제시할 때에도 사전에 설정된 목표와 방향을 일관성 있게 반영해야 한다.

빅 아이디어

창조적인 해결책이 담고 있는 핵심 아이디어는 무엇인가? 광고 캠페인을 예로 들면, 나이키의 '빅 아이디어'는 '건강한 신체만 있으면 이미 운동선수다'와 같은 슬로건이다. 디자인이나 디지털 프로젝트의 경우 주요 설계 디자인이나 상호작용 원칙이 '빅 아이디어'가 될 수 있다.

실질적인 작업

크리에이티브 프레젠테이션에는 결과물에 포함될 개별 콘셉트들을 명확하게 분류하고 간단한 부가 설명을 덧붙이는 것이 좋다. 가능하면 실제 적용 사례를 제시하자. 브랜딩 프로젝트를 예로 들면, 실제로 사용될 실물 모형의 로고를 제작하는 것이다. 디지털 제품이라면 기본적인 프로토타입(혹은 단순한 클릭을 통한 페이지 모형 제시) 제작은 필수다.

제안 방향

모든 크리에이티브 프레젠테이션에는 크리에이터가 제시하는 제안 방향이 담겨야 한다. 클라이언트는 크리에이터의 전문 지식을 얻으려고 비용을 지불한다. 따라서 1순위로 추천하는 솔루션을 반드시 포함해야 한다. 팀원이 모두 발표에 참여한다면 사전에 어떤 콘셉트를 밀고 나갈지 의견을 일치시킨다. 결과물을 만든 크리에이터가 확고한 방향을 정해놓지 않으면 클라이언트도 콘셉트를 정하는 데 어려움을 겪는다.

요약본 제시

시각적인 보조 수단 역할을 하는 콘셉트별 요약본을 제작하면 클라이언트가 발표 내용을 파악하는 데 많은 도움이 된다. 수십 개 분량의 슬라이드를 일일이 클릭하며 검토하는 번거로움을 없앨 수 있다.

질의응답

결과물 발표 후에는 클라이언트에게 피드백과 질문을 받는 시간을 충분히 갖는 것이 좋다.

후속 조치

모든 프레젠테이션은 항목별 후속 조치, 업무별 책임자, 마감 기한이 명시되어야 한다. 프레젠테이션이 끝나기 전에 모든 참석자는 후속적인 작업의 수정 방향을 인지하고 있어야 한다.

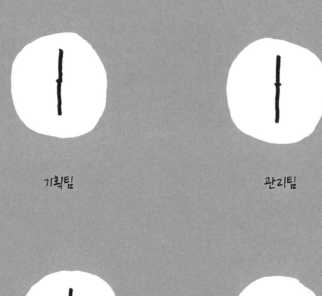

기획팀

관리팀

전략팀

크리에이티브팀

9장

야근

: 야근은 결코 당신을 훌륭한 크리에이터로 만들어주지 않는다

베를린에서 근무할 때 프렌츠라우어 베르크라는 고급 주택지역의 아파트에 살았던 적이 있다. 베를린에 있는 아파트들은 대부분 건물 1층에 상업 공간이 마련되어 있다. 내가 살던 아파트 1층에는 그래픽 디자인 에이전시가 입주해 있었다. 벽면이 유리로 된 에이전시 사무실은 주말마다 머리를 싸매고 근무하는 크리에이터로 가득했다. 사무실 앞을 지나갈 때면 생기 없는 흐릿한 눈빛의 크리에이터들이 번쩍이는 아이맥을 두고 일에 몰두하는 모습을 볼 수 있었다. 그런 장면은 밤낮을 가리지 않고 매일 이른 새벽까지 이어졌다. 크리에이티브 업계에 대해 많은 이들이 오해하는 것처럼 그 회사의 직원들 역시 뛰어난 성과를 내려면 야근이나 주말 근무는 필수라고 여기는 듯했다.

다행히도 독일과 북유럽 대부분의 나라에서 야근은 드문 일이다. 내가 독일에서 목격한 크리에이터들은 극히 예외적인 사례였다. 독일을 비롯한 스웨덴, 덴마크 같은 스칸디나비아 국가들은 세계에서 가장 짧은 노동 시간을 보유하고 있다(〈BBC〉 2015년 11월 2일자 기사).[7] 그에 비해 크리에이티브 결과물의 수준만큼은 최고를 자랑하며 그들에게 자부심의 원천이 된다.

그들은 초과 근무에 대해 몹시 부정적인 태도를 보인다. "정규 근무시간이 8시간인데 그 안에 일을 끝내지 못했다고? 일머리가 없나 보군." 따라서 그들에게 법정 근로시간을 초과한 야근과 주말 근무는 결코 환영받지 못하는 관행이다.

그 밖의 나라의 조직문화는 상당히 다른 면모를 보인다. 야근을 당연하게 생각하고 때로 찬사의 대상이 되며 자부심의 증표로 활용되기도 한다. 마감일을 맞추기 위해 4주 연속 주말 근무를 하거나 피칭 때문에 아이의 생일 축하도 못해준 행동들이 업계에서는 자랑할 만한 업적이 된다. 최악은 자신의 실력을 증명하거나 뛰어난 결과물을 만들고 싶은 주니어 크리에이터가 야근을 당연시하게 되는 것이다. 무조건 오래 일한다고 해서 현실적으로 더 나은 결과가 보장되는 것은 아니다. 더 훌륭한 크리에이터가 되는 길도 아니다. 단순히 시간 관리에 실패했다는 것을 의미할 뿐이다.

지속 불가능한 업무 환경이 미치는 영향

야근과 주말 근무를 장려하는 조직에서 일하는 것은 크리에이터나 클라이언트는 물론, 작업의 품질에도 부정적인 영향을 미친다. 이유는 다음과 같다.

- 잘못된 조직문화는 작업의 품질에 직접적인 악영향을 미친다. 12시간 이상 모니터 앞에서 눈이 충혈될 정도로 지쳐 있는 상태라면 과연 직원들이 자신의 최대 역량을 발휘할 수 있을까? 미국 노동통계국 연구 자료에 따르면, 평범한 사람들이 생산적으로 일할 수 있는 시간은 하루 평균 3시간 미만이다(〈Inc.〉 2016년 7월 21일자 칼럼).[8]
- 높은 이직률을 초래한다. 직원을 공장에서 사육하는 닭처럼 취급하면 뛰어난 인재들이 조직을 떠나는 건 시간문제다.
- 쉼 없이 일하는 것은 크리에이터들이 '놀 수 있는' 여유의 부재를 의미한다. 창조적인 사람은 동기 부여를 받고, 신선한 아이디어를 내고, 영감을 얻기 위해 다양한 프로젝트에 참여하며 자신의 역량을 펼칠 기회가 필요하다. 기발하고 특별한 아이디어는 맑은 정신 상태에서 나온다. 끝없는 야근과 주말 근무는 훌륭한 아이디어가 떠오를 기회를 애초부터 차단하는 것이나 다름없다.
- 한 팀에서 몇 달 심지어 몇 년 동안 장기 디지털 프로젝트를 운영하는 일은 피해야 한다. 내가 베를린에서 일할 때 레드불의 주요

내가 과도하게 일하고 있는 건 아닐까?

1. 하루에 8시간 이상 일한 날에 X 표시를 하시오
2. 주말 근무를 한 날에 XX 표시를 하시오

MONTH						
월	화	수	목	금	토	일

결과:

0~5 : 정상
5~10 : 과도한 업무
10+ : 퇴사 추천

디지털 플랫폼을 개발하는 데 거의 4년이 걸린 적이 있다. 프로젝트 기간 동안 팀원들에게 100퍼센트 이상의 업무 성과를 기대했다면 애초부터 장기 프로젝트를 실행하지 못했을 것이다. 특히 광고 에이전시에 종사하는 사람들은 이 점을 주목해야 한다.

● 크리에이터의 초과 근무 수당은 클라이언트에게 거의 청구되지 않는다. 정당한 보수가 없다면 품질은 크게 떨어질 수밖에 없다.

지속 가능한 업무 환경을 만드는 방법

'야근하지 말라'는 말은 이론상으로는 어디서나 환영받을 것이다. 하지만 클라이언트, 마감 기한, 치열한 경쟁 등의 현실적인 요소와 맞물리면 그저 단순히 던질 수 있는 말은 아니다. 여기에 창의적인 결과물을 만들어내기 위한 크리에이터의 의지가 결합되면 그리 간단한 문제만은 아니다.

내가 확신하는 한 가지는 야근 없이도 훌륭한 결과물은 탄생한다는 것이다. 북유럽 전역의 스튜디오나 에이전시에서 근무하는 수많은 크리에이터는 매일 저녁 6시면 퇴근한다. 작업 과정에 효율적인 프로세스를 도입하면 뛰어난 결과물을 만드는 동시에 클라이언트를 만족시키고 지속 가능한 업무 환경을 만들 수 있다. 그 과정은 다음과 같은 기본 원칙에서 시작된다.

프로젝트 스코핑에 모든 핵심 역량을 동원하라

비현실적인 마감 기한은 야근을 초래한다. 초과 근무는 잘못된 프로젝트 스코핑에서 비롯되는 경우가 대부분이기에 작업 범위는 처음부터 신중히 작성해야 한다. 스코핑에서 가장 중요한 원칙은 광고기획 책임자와 크리에이티브 디렉터뿐 아니라 각 팀의 모든 핵심 역량을 스코핑에 참여시키는 것이다. 개발자부터 카피라이터까지 프로젝트에 필요한 작업을 대표하는 모두를 포함해야 한다. 그래야만 작업 일정과 업무량을 현실적으로 계획할 수 있다. 기획팀 디렉터가 클라이언트의 입장을 대변해 스코핑을 주도하는 일은 절대 피해야 한다.

문제가 발생하면 투명하게 공개하라

상대하는 사람이 클라이언트든 상사든 업무는 항상 투명하게 진행되어야 한다. 프로젝트 일정에 영향을 미칠 만한 문제가 발생하면 절대 숨기고 방치하지 말자. '어떻게든 되겠지'라는 안일한 생각은 초과 근무를 더할 뿐이다. 과도한 업무량에 매몰되지 말고, 문제를 발견하는 즉시 클라이언트와 상의하자. 대개 양측의 협의로 절충안을 찾을 수 있다. 이런 사례는 특히 디지털 제품을 제작할 때 흔히 발생한다. 기술적 복잡성 때문에 특정 기능을 제작하는 데 계획보다 오랜 시간이 걸릴 수 있어서다. 모든 작업을 억지로 마감 기한 안에 밀어넣지 말고, 사전에 프로젝트 일정에 지장을 줄 만한 기술적인 문제들을 해결할 수 있는지 확인하는 과정이 필요하다. 이러한 논의를 시의적절하게 진행하면 양측이 이해한 내용이 일치하게 되고, 갑작스러운 변화나 초과 근무, 촉박한 작업 일정을 피할 수 있다.

거절을 두려워하지 말라

크리에이터들은 무리를 해서라도 자신이 맡은 일을 성공시키려는 경향이 있다. 때문에 클라이언트의 비현실적인 요구를 받아도 거절하는 법이 없다. 이는 훌륭한 선임 리더와 기획자가

영업에만 치중하고 직원은 뒷전인 리더는 크리에이티브 프로젝트를 관리할 자격이 없다.

클라이언트의 불합리한 요구를 거절하면 해결되는 문제다. 불행히도 북유럽 국가를 제외한 대부분 국가의 기획자는 클라이언트 편에 서는 경우가 많다. '불가능'이라는 말은 입 밖으로 꺼내지 않는다. 영업에만 치중하고 직원은 뒷전인 리더는 크리에이티브 프로젝트를 관리할 자격이 없다.

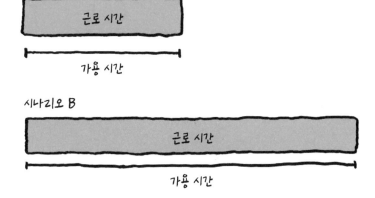

프로젝트는 항상
가용 시간 내에 진행한다

시나리오 A

근로 시간

가용 시간

시나리오 B

근로 시간

가용 시간

시간 관리 능력을 키우라

주니어 크리에이터는 개인 시간까지 일로 채울 가능성이 크다. 그들은 자신의 능력과 성과를 증명하기 위해 개인의 삶을 포기할 정도로 열과 성을 다한다. 이를 방지하려면 시간을 관리하는 능력은 매우 중요하며, 프로젝트의 명확한 목표와 마감 기한 제시는 필수다. 당신이 크리에이티브 리더라면, 주니어 직원이 먼저 퇴근하는 것을 확인한 뒤 사무실을 떠나야 한다.

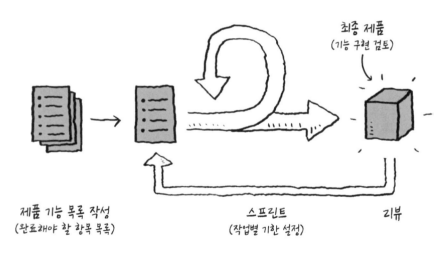

애자일 프로세스

제품 기능 목록 작성
(완료해야 할 항목 목록)

스프린트
(작업별 기한 설정)

리뷰

최종 제품
(기능 구현 검토)

프로세스, 프로세스, 프로세스

적합한 프로세스를 도입하는 것은 지속 가능한 조직 환경의 핵심이다. 이를테면 기본적인 회의 에티켓을 지킴으로써 회의의 효율성을 향상하는 것도 프로세스다. 비현실적인 클라이언트의 요구에 대처하기 위한 표준화된 프로세스의 도입도 마찬가지다. 조직 환경에 맞는 최적화된 프로세스를 적용하면 불필요한 시간 낭비를 줄일 수 있다. 결과적으로 모든 사람이 제시간에 퇴근하는 긍정적인 조직문화가 형성된다.

지속 가능한 업무 환경: 애자일 방법론

에덴슈피커만에서 지속 가능한 업무 환경을 달성할 수 있었던 가장 큰 이유는 대부분의 프로젝트에 애자일 방법론을 도입했기 때문이다. '애자일'은 디지털 제품을 제작할 때 활용되는 방법으로, 모든 결과물을 마감 기한 직전에 한 번에 전달하는 게 아니라 작업별로 정해진 일정에 따라 점진적으로 결과물을 전달하는 방법이다.[9]

애자일 방법론은 1980년대 소프트웨어 개발을 위해 처음 사용되었지만, 오늘날에는 소프트웨어나 테크 기업 외에도 다양한 업계에서 널리 활용되고 있다. 수많은 진보적인 디자인 에이전시들은 애자일 방법론을 사용해 프로젝트에 지속 가능한 작업 프로세스를 도입한다.

애자일 방법론은 하나의 프로젝트를 '유저 스토리'라고 부르는 소항목으로 분류해 작업의 우선순위를 매긴 다음, 2주에 한 번씩 연속적으로 결과물을 전달하는 방식이다. 이를 '스프린트' 방식이라고 한다. 2주 주기의 스프린트 과정이 끝날 때마다 결과물은 양측의 제품 소유자의 검토를 거쳐 출시되거나 수정된다.

애자일 팀은 항상 통합된 팀으로 일하며, 자신이 속한 팀의 이익만 고집하는 이기적인 경쟁에 얽매이지 않고 수평적인 문화를 유지한다. 애자일 방법론은 지속 가능한 장기적인 작업에 주력하며, 주로 4주 이상 소요되는 크리에이티브나 테크놀로지 프로젝트에 적극 권장된다. 소규모 프로젝트는 적합하지 않은 경우가 많다. 애자일을 설정하는 과정에서 필요한 프로세스나 작업 강도가 프로젝트 기간 동안 얻는 장점과 효율을 넘어서기 때문이다.

애자일 프로젝트에서 맡는 역할

제품 소유자

의사 결정권자이자 제품 비전의 방향을 주도하는 감수자 역할을 한다. 클라이언트와 에이전시 관계에서는 보통 양측에 각각의 제품 소유자가 존재한다.

팀

직접 프로젝트에 참여하는 직원들로, 프로젝트의 필요에 따라 디자이너, 개발자, 작가 등이 하나의 통합된 팀으로 동등하게 일하게 된다. 제각기 다른 전문 분야의 인력이 모여 하나의 그룹이 형성되며 그들은 자율적이고 평등한 업무 권한을 갖는다. 가장 효율적인 팀의 형태는 에이전시 소속 직원들과 클라이언트 소속 직원들이 한 팀이 되는 것이다.

스크럼 마스터

스크럼 마스터는 팀의 구성원에 속하지 않으므로 의사 결정 권한이 없다. 그들은 원활한 작업 프로세스를 촉진하고 팀 내에 발생하는 작업상의 장애물을 제거하는 역할을 맡는다. 보통 클라이언트 측의 의견 조율과 관리를 담당한다.

에이전시에서 애자일 방법론을 적용하는 경우, 클라이언트는 제품 소유자의 역할을 맡아 프로젝트의 시작부터 하나의 팀으로 통합된다. 그리고 정해진 기한 내 특정 작업을 수행하는 스프린트 방식에 관여하게 된다. 각각의 스프린트가 시작될 때 디자인팀 및 기술팀과 함께 스프린트별로 완료되어야 할 특정 기능(유저 스토리)의 목록을 계획한다.

그다음으로 팀원들은 각 작업을 완수하는 데 필요한 업무량과 노력을 추정한다. 스크럼 마스터(프로세스 촉진자)는 팀과 제품 소유자에게 각 스프린트에 지정된 작업 일수를 공유한다(작업 예산과 인력 가용성 고려). 도출된 작업 일수에 따라 팀원들은 특정 기능을 구현하는 작업에 전념한다. 예컨대 각 스프린트에 20일의 작업 일수가 설정되었다고 가정해보자. 특정 작업을 완료하기 위해 30일이 예상된다면 제품 소유자는 팀이 작업을 수행하기 전에 일부 작업을 제거해 소요 일수를 맞춰야 한다. 간단한 방식이다.

애자일 프로세스가 원활하게 작동하려면 투명성과 상호 간의 신뢰가 무엇보다 중요하다. 각 스프린트 과정에서 팀과 제품 소유자 간의 약속은 거의 신성시될 정도로 중요하다. 제품 소유자는 스프린트에 추가 작업을 부가하지 않기로 합의하고, 팀은 정해진 기한 내에 약속된 작업

퀴즈

야근하는 팀을 보상하는 최고의 방법은?

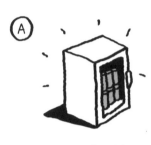

시원한 맥주

안마의자

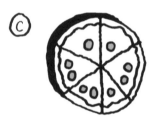

피자

달콤한 케이크

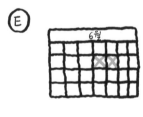

포상 휴가

따뜻한 감사 인사

정답: E

을 전달하는 데 암묵적으로 합의한다. 프로젝트에 애자일 프로세스를 채택하기 위해서는 합당한 논리로 클라이언트를 설득하는 과정이 **애자일 프로세스가 원활하게 작동하려면 투명성과 상호 간의 신뢰가 무엇보다 중요하다.** 선행되어야 한다. 그들이 동의한다면 애자일 방법론은 클라이언트와 에이전시 모두에게 이득을 주는 방식이다.

불가피하게 야근이 필요한 경우

때론 마감 기한 전에 완료해야 할 중요한 디자인 제안서나 대형 프로젝트 론칭이 일주일밖에 남지 않은 상황이 닥칠 수도 있다. 이럴 때는 야근이 불가피하다. 사실 필요한 시기에 비정기적으로 발생하는 야근은 크게 문제가 되지 않는다. 다만 크리에이티브 리더라면 직원들의 개인 시간은 항상 존중해야 한다. 야근이 불가피하다면 다음 원칙을 따르자.

야근은 미리 공지하고, 팀원의 의사를 물으라
촉박한 마감 기한이나 제안서 등 야근이 꼭 필요하다면 먼저 팀원의 의사를 묻자. 중요한 것은 반드시 '사전에' 의사를 묻는 것이다. 야근은 의무가 아니라 선택이다. 야근이 요구된다면 간단한 질문을 던지면 된다. "급한 업무로 양해를 구합니다. 오늘 퇴근 이후에 몇 시간 더 일해도 괜찮을까요?"

포상 휴가를 제공하라

야근을 할 때 팀원에게 피자나 맥주를 사거나 택시비를 제공하는 것도 좋지만 제일 합당한 보상은 대체 휴가를 제공하는 것이다. '덜 바쁠 때' 휴가를 쓰라고 모호하게 말하지 말고 구체적인 휴가일을 고지해야 한다. 예컨대 '야근 다음 날'이나 '다음 주 월요일'같이 명확하게 날짜를 지정해 발표한다.

작업에 직접 참여하라

아트 디렉터나 크리에이티브 디렉터라면 작업에 직접 참여하는 것은 특히 중요하다. 테크 기업의 수평적인 조직 구조를 떠올려보자. 내가 함께 일했던 유능한 크리에이티브 디렉터들은 항상 프로젝트를 주도하고 총괄함으로써 팀원들의 많은 존경을 받았다. 피칭이나 촉박한 마감 기한 때문에 팀 전체가 야근을 해야 한다면 리더도 함께해야 한다.

예술이 아니라 직업이다

크리에이티브 업계에서 경력을 쌓는 것은 힘든 만큼 즐겁고 보람된 일이지만, 결국은 직업일 뿐이다. 일에 목숨을 걸 필요도 없고 소중한 가족, 친구, 건강을 희생할 만한 가치도 없다. 야근은 곧 가족과의 저녁식사나 아이의 한 번뿐인 생일을 놓치게 된다는 것을 의미한다. 스스로에게 물어보자. "이 일이 그만한 가치가 있을까?" 한 달에 한 번 이상 같은 질문을 반복하는 상황이 온다면, 그럴 만한 가치가 없다고 봐도 무방하다.

지금은 고인이 된 사치 앤드 사치와 BBDO의 광고 담당자 린즈 레딩(Linds Redding)이 생전에 남긴 글은 내게 깊은 인상을 주었다.[10] 크리에이티브 디렉터였던 그는 식도암 시한부 판정을 받은 뒤 자신의 커리어를 회상하는 글을 한 편 기고했다. 잦은 야근 때문에 삶에서 놓친 소중한 것들에 대해 쓴 글이었다. 글 속에는 이런 내용이 담겨 있었다. "내 일이 그만한 가치가 있었을까? 물론 아니었다. 돌이켜보니 그저 광고일 뿐이었다. 더 높은 명예도, 더 궁극적인 목표도 없었다."

> 스스로에게 물어보자.
> "이 일이 그만한 가치가 있을까?"
> 한 달에 한 번 이상 같은 질문을 반복하는 상황이 온다면, 그럴 만한 가치가 없다고 봐도 무방하다.

10장

클라이언트

: 클라이언트, 어떻게 상대하고 협업해야 할까?

내가 책의 서문에서 언급한 포스터를 다시 떠올려보자. "꼰대가 되지 말고, 꼰대를 위해 일하지도 말라." 독자 여러분 역시 이 말에 대체적으로 동의하리라 생각한다(그렇지 않다면 이미 책을 덮어버렸을 것이다). 크리에이티브 산업의 현실은 '내 일이 아무리 대단하다고 한들 결국에는 회사의 돈벌이를 위한 상업적인 직업'이라는 점이다. 그렇다면 당신에게 월급을 주고, 회사를 돌아가게 하고, 고용의 안정성을 제공하는 것이 꼰대 같은 클라이언트라면 어떨까?

클라이언트가 비인격적으로 행동하지 않기를 바라는 것은 내가 소속된 회사를 변화시키는 것과는 다른 문제. 잘나가는 유능한 크리에이터가 아니고서야 내 고집만 밀고 나가는 태도는 까다로운 클라이언트를 상대하는 현실적인 방법이 아니다. 물론 업계에는 최악의 클라이언트도 간혹 존재하지만 대부분의 경우 생산적인 파트너십을 맺을 수 있다. 상호 신뢰를 바탕으로 올바른 이해관계를 구축한다면 못할 것도 없다.

클라이언트에 대한 진실

크리에이터와 클라이언트 사이의 마찰은 크리에이티브 업계 역사의 한 축을 이뤘다고 해도 과언이 아니다. 무지한 클라이언트와 숨 가쁘게 바쁜 크리에이터 사이에서 생겨난 유머러스한 이야기는 세간에 자주 떠돈다. 작가이자 디자인 디렉터 데이비드 손(David Thorne)이 고양이와 쥐 싸움 같은 그들의 일화를 엮어 책을 낸다면 저자로서 완벽한 경력을 채울 수 있을지도 모른다. 어떻게든 적은 비용으로 더 많은 성과를 요구하는 얄미운 클라이언트와 자의식으로 가득 찬 크리에이터 사이에서 벌어지는 우스꽝스러운 일화를 반소설 형태로 출간하는 것이다.

일부 크리에이터들이 겪은 부정적인 사례를 제외하면, 대부분의 클라이언트는 꼰대와는 거리가 멀다. 오히려 긍정적인 태도와 분별력을 지닌 좋은 클라이언트가 더 많다. 그들은 조직에서 맡은 책임을 다하고, 상사에게 인정받고, 업무적으로 두각을 드러내고자 하는 평범한 사람들이다. 크리에이터의 '훌륭한 작품'을 망칠 의도도 없고, 주말을 빼앗거나 꿈을 짓밟으려는 것도 아니다. 그들은 그저 예산과 마감 기한에 맞춰 좋은 결과를 얻기 바랄 뿐이다.

솔직히 말하면 클라이언트와 크리에이터 간의 관계가 어려운 것은 자의식으로 똘똘 뭉친 크리에이터 때문인 경우가 더 많다. 크리에이터들은 클라이언트도 상사의 눈치를 봐야 하고 맡은 업무에 책임을 다해야 한다는 사실을 잊어버리곤 한다. 클라이언트의 고충을 살펴보자. 그들은 마감 일정에 맞춰 결과물을 전달받기 위해 서비스 제공자(크리에이터)를 전적으로 신뢰하는 위험을 감수해야 한다. 크리에이터가 얼마나 혁신적인 작품을 만들었고 얼마나 많은 상을 수상했는지는 그들에게 중요하지 않다. 가장 중요한 것은 프로젝트 결과물이 정해진 일정과 예산 내에서 정확하게 전달되는 것이다. 그게 아니라면 클라이언트는 크리에이터를 믿고 위험을 감수할 만한 가치가 없다.

가장 중요한 원칙을 명심하자. 디자인은 예술이 아니다. 당신은 피카소가 아니다. 홀로 예술을 위해 붓을 잡는 조지 W. 부시도 아니다. 당신은 이해관계자, 예산, 상사, 마감 기한이 명확한 상업적 목적을 위해 일하고 있다. 클라이언트의 간섭 때문에 스트레스를 받는다면 이 점을 마음속 깊이 새기길 바란다. 그러면 무슨 일이든 크게 잘못될 일은 없을 것이다.

작업의 우선순위

클라이언트	크리에이터
1. 예산	1. 수상
2. 마감 기한	2. 유명세
3. 상사의 인정	3. 동료들의 인정
4. 브랜드	4. 상사의 인정
5. 동료들의 인정	5. 브랜드
6. 수상	6. 마감 기한
7. 유명세	7. 예산
8. 에이전시의 만족	8. 클라이언트의 만족

전통적인 방식의 클라이언트 관리

전통적인 에이전시에서 근무했던 사람들은 클라이언트와의 관계를 논할 때 '계층적' 접근법에 익숙하다. 크리에이티브 업계에는 정부 기관보다 더 복잡한 조직 구조가 존재한다. 내가 처음 대형 에이전시에 근무하면서 놀란 점은 클라이언트를 관리하는 일만으로도 필요한 역할이 아주 많다는 것이었다. 에이전시에서 진행되는 일정 규모 이상의 전형적인 프로젝트에는 이처럼 중간 단계에 수많은 계층이 형성되어 있다. 따라서 상위 단계의 소수들만 클라이언트와 소통할 기회를 갖게 된다.

- 어카운트 디렉터*
- 프로젝트 매니저
- 시니어 기획자*
- 기획자
- 그룹 크리에이티브 디렉터*
- 크리에이티브 디렉터
- 어소시에이트 크리에이티브 디렉터
- 아트 디렉터
- 카피라이터
- 시니어 개발자
- 개발자
- 디자이너

- 주니어 디자이너
- 제작 디자이너

사실 나는 에이전시 내부의 계층적인 접근법을 다소 부정적으로 바라본다. 이 방식은 특히 디지털 프로젝트에 더더욱 적용하기 힘들다. 오늘날은 어느 때보다 디자인과 기술 분야가 긴밀하게 협력되어야 하고, 빠르게 변하는 트렌드에 따라 프로젝트는 과거보다 훨씬 더 복잡해지고 더 많은 시간이 소요된다. 복잡한 기술적 문제는 수많은 중간 단계를 통해 조율되기 어렵다.

에이전시 측 개발자는 불필요한 중간 결정권자들을 거치지 않고도 직접 클라이언트 측 개발자와 소통할 수 있어야 한다. 중간 결정권자들이 두텁게 자리 잡고 있는 에이전시의 '케이크' 형태의 조직과 테크 기업의 효율적인 팀 운영 방법을 비교하면 답은 쉽게 나온다. 테크 기업의 팀들은 자율적이고, 효율적이고, 평등하다. 그들은 총체적인 업무 관리 능력이 탁월한 인재를 고용함으로써 작업의 효율성을 촉진한다. 에이전시는 테크 기업들의 효율적인 클라이언트 관리 기술을 본받을 필요가 있다.

클라이언트와 우호적인 관계를 유지하는 비법

솔직히 말하면 나는 클라이언트와 개인적인 친분을 유지하려고 개인의 시간과 돈을 투자하는 행태를 바람직하게 생각하지 않는다. 내가 그런 일에 서투른 탓도 있겠지만, 결국은 영업을 위한 접대가 아니던가? 내 주변의 수많은 크리에이티브 디렉터 역시 클라이언트와 화려한 점심식사를 하며 개인사를 나누고 친분을 유지한다. 나는 접대에 소중한 시간을 투자하고 싶지 않다.

클라이언트와 장기간 성공적인 관계를 유지하기 위한 내 비법은 간단하다. 클라이언트에게 내 실력에 대한 확신을 심어주는 것이다. 훌륭한 결과물에 대한 신뢰와 실망시키지 않을 사람이라는 믿음이 생기면 성공은 따놓은 당상이다. 클라이언트는 함께 밥 먹을 친구가 필요한 게 아니다. 그들은 정직성과 투명성을 갖춘 훌륭한 결과물을 제작하는 크리에이터를 원한다.

정직하라

클라이언트와의 관계를 형성하는 핵심은 정직성과 투명성이다. 신뢰하지 않는 상대와 함께 일하는 것은 사실상 의미 없다. 크리에이티브 에이전시는 프로젝트를 따낸다는 명목하에 진실을 왜곡하고 지키지 못할 과한 약속을 한다. 금전적 이익 때문에 정직성을 포기하는 일도 흔하게 발생한다. 가령 콜롬비아에 위치한 아웃소싱 회사에 개발 업무 전체를 외주하고 있다는 사실을 밝히지 못할 수도 있다. 경험이 부족한 클라이언트에게 에이전시 대신 프리랜서를 고용하면 더 좋은 결과가 나올 거라고 말하지 못할 수도 있다. 특정 프로젝트가 사업적 측면에서 클라이언트에게 부정적인 영향을 미친다는 사실을 알지만, 금전적인 이익을 위해 일단 일을 맡고 보는 경우도 있을 것이다. 하지만 미래에 어떤 중요한 일로 클라이언트와 다시 관계를 맺게 될지는 누구도 알 수 없다. 당장에 프로젝트를 잃더라도 지금 솔직해지고 미래를 위해 투자하는 것이 바람직한 길이다.

클라이언트를 프로젝트에 적극 참여시키라

프로젝트를 진행하며 클라이언트 직원과 에이전시 직원을 확고하게 구분하는 것만큼 비효율적인 건 없다. 구분할수록 '나와 너'라는 분절된 사고방식이 스며든다. 전통적인 에이전시들의 고리타분한 주장은 더는 설득력이 없다. 하나의 결과를 위한 협력은 기존의 분절된 방식보다 훨씬 효과적이다. 클라이언트와 에이전시를 구분하지 말고, 하나의 프로젝트 팀으로 인식을 변화시키자. 에이전시에는 디자인이나 광고나 기술 분야의 전문가들이 모여 있지만 결국 자사의 사업을 가장 잘 이해하는 이는 클라이언트다. 브레인스토밍 세션을 비롯한 프로세스의 모든 단계에 클라이언트를 참여시켜 그들의 지식을 최대한 활용하자.

> 클라이언트와의 관계를 형성하는 핵심은 정직성과 투명성이다.

몇 년 전 내가 근무하는 에이전시의 네덜란드 오피스에서 진행했던 신규 프로젝트가 좋은 사례다. 우리는 네덜란드 기차 플랫폼의 속도와 안

전성을 향상하기 위해 신규 서비스를 개발하고 있었다. 플랫폼 길이에 달하는 최첨단 디지털 디스플레이를 제작해 플랫폼에 열차가 도착하기 전에 빈 열차 칸을 표시하는 서비스를 만들고자 했다(그러면 승객들은 열차가 도착 전 미리 빈 열차 칸을 파악할 수 있다).

개발에 앞서 가장 큰 문제는 어떤 칸이 붐비는지 알아낼 방법이 없다는 점이었다. 값비싼 최첨단 기술을 도입해야 할까? 클라이언트, 이해관계자, 에이전시가 모인 회의에서 그룹 전체는 만원 열차 칸을 알아내는 방법을 고민했다. 적당한 대안이 없으면 아이디어는 사장될 위기에 처해 있었다. 그때 철도 팀의 한 직원이 열차 칸마다 적외선 센서가 설치되어 있다는 사실을 발견했다.

센서를 통해서라면 만원 열차 칸을 쉽게 파악할 수 있었다. 예상치 못한 클라이언트 측 직원의 발견은 프로젝트의 핵심 방향을 형성하는 역할을 했다.

프로젝트 현황을 정기적으로 공유하라

전통적인 에이전시는 서비스 제공자 입장에서 단편적인 업무 방식을 따르는 경우가 많았다. 프로젝트 브리핑이 끝나면 에이전시나 크리에이티브팀은 작업을 위해 마감 기한 직전까지 소위 말하는 잠수를 탄다. 그리고 프레젠테이션 당일에 등장해 클라이언트에게 기습적으로 결과물을 공개한다. 클라이언트는 결과물을 만들어내는 과정에서 온전히 배제된다. 이런 '기습적인 공개' 방식은 프로젝트 기간 동안 양측의 의사소통을 전면 차단하므로 바람직하지 않다. 정기적인 작업 검토와 업데이트를 통해 클라이언트를 프로세스 전 과정에 참여시키는 것이 신뢰 관계

클라이언트의 뇌 구조

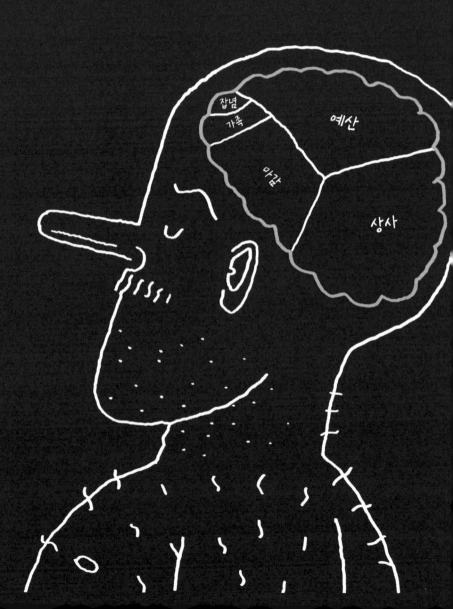

를 구축하는 올바른 방식이다.

문제를 방치하지 말라

프로젝트가 시작되고 나면 불가피하게 클라이언트에게 안 좋은 소식을 전해야 할 순간이 온다(모든 프로젝트에는 피할 수 없는 문제들이 발생하게 마련이다). 나쁜 소식을 숨기고 방치하면 결국은 곪아터지고 만다. 문제가 생기면 곧바로 공유하고, 그에 알맞은 해결책을 함께 제안하자. 작업 과정의 투명성은 무엇보다 가장 우선해야 할 요소다.

인하우스 팀과 협력하라

오늘날 인하우스 디자인팀은 작업의 질적인 측면에서 크게 성장했다. 그들과의 협업은 어느 때보다 중요해졌다. 혼자만 잘난 것처럼 행동하지 말자. 재능과 기술 면에서 인하우스 팀이 에이전시를 능가하는 경우도 많다. 에덴슈피커만에서 가장 성과가 좋았던 파트너십(최고의 결과물 생산)은 에이전시 팀과 클라이언트 소속의 인하우스 디자인팀 사이에 분열이 없을 때 생겨났다. 우리는 한 공간에서 협업하고 브레인스토밍하며 최고의 결과물을 만들었다.

까다로운 클라이언트 유형

일을 하다 보면 때로 소통이 힘들 정도로 까다로운 클라이언트를 만나게 된다. 그들의 성향은 경험 부족이나 상사의 압박이나 지위에 대한 불안감 등 다양한 요인에서 비롯된다. 하지만 깐깐하고 예민하다고 해서 좋은 파트너십을 맺고 성과를 낼 수 없다는 것은 아니다. 경험상 까다로운 클라이언트의 유형은 다음 몇 가지 형태로 나뉜다.

초보 클라이언트

에이전시에 처음 프로젝트를 의뢰하는 초보자이거나 일을 시작한 지 얼마 되지 않은 경우다. 에이전시 입장에서 경험이 부족한 클라이언트는 넘어야 할 산이다. 특히 주니어 직급의 클라이언트는 상대적으로 노련한 에이전시의 도움을 필요로 하는 경우가 많다. 그들은 경험이 부족한 탓에 상사에게 피드백을 받을 때 자신의 소신을 강하게 밀고 나갈 만한 자신감이 부족하다. 어떤 태클을 걸어와도 반대 의견을 제시하지 못하는 '예스맨'으로 전락하게 된다. 위험을 감수하지 않을 확률 역시 크기 때문에 뛰어난 결과물을 생산해내기도 어렵다.

이런 초보자에게는 단호하지만 참을성 있는 누군가의 도움이 절실하기에 에이전시의 역할은 두 배로 늘어난다. 에이전시는 프로젝트를 성공적으로 완수하는 것뿐 아니라 초보 클라이언트의 가이드이자 멘토 역할을 하며 긍정적인 경험을 제공해야 한다.

요구사항이 많은 클라이언트

이 유형의 클라이언트는 깐깐하고 예민한 경우가 많기 때문에 작업 진행 상황에 대한 정기적인 업데이트를 통해 통제권을 쥐고 있다는 확신을 줘야 한다. 이런 기질은 대개 개인적인 불안 심리와 사소한 일들까지 모두 통제하려고 하는 습성에서 비롯된다. 이들에게는 프로젝트의 모든 단계를 투명하게 공개함으로써 안정감을 줄 필요가 있다. 트렐로(Trello)나 지라(Jira) 같은 간판 방식의 작업흐름 구조가 도움이 된다. 간판 방식을 활용하면 매주 개별 작업의 진행 상황을 투명하게 점검할 수 있다.

클라이언트의 지나친 피드백은 주의해야 한다. 리더는 실제 프로젝트에 참여하는 팀들이 작업에 부정적인 영향을 받지 않도록 클라이언트의 피드백을 적절하게 차단할 필요가 있다. 그렇지 않으면 결과물이 산으로 가기 십상이다.

크리에이터가 되고 싶은 클라이언트

크리에이터가 되고 싶어 하는 클라이언트는 좀 거슬리긴 하지만 악의는 없는 유형이다. 일부는 에이전시에서 근무한 경험이 있거나 인하우스 디자이너 출신에서 조직을 대표하는 임원이 된 경우도 있다. 이런 클라이언트들은 '유능한 에이전시'가 단독으로 프로젝트를 맡는 것을 질투하기도 한다. 작업이 원활하게 돌아가지 않으면 종종 에이전시의 아이디어를 고의로 묵살하는 일도 생긴다.

이럴 때 에이전시와 클라이언트 관계에서 가장 중요한 것은 적극적인 협업이다. 클라이언트를 프로젝트에 적극 참여시키고 결과물 제작에 중요한 역할을 담당하는 가치 있는 사람으로 만들라. 함께 일하고, 브레인스토밍하고, 창조적인 아이디어를 고민하라. 이것이 바로 그들을 에이전시의 강력한 지원군으로 만드는 비법이다.

악질 클라이언트, 이렇게 대처하자

진절머리가 날 정도로 악질인 클라이언트는 드물다. 그런 행동에는 대개 근본적인 이유가 있다. 과거에 에이전시와 함께 일했을 때 부정적인 경험을 했거나 자신이 속한 조직의 업무 환경이 형편없을 가능성도 있다. 가장 좋은 해결책은 그들에게 발생한 문제를 파악한 뒤 클라이언트를 대신해 문제를 해결해주는 것이다. 이를테면 클라이언트 측 상사를 위해 추가로 프레젠테이션을 진행하거나, 그들이 더 수월하게 일할 수 있도록 업무에 유용한 통찰력을 제시하는 것이다. 최대한 그들을 돋보이게 하면 크게 잘못될 일은 없다.

만일 클라이언트가 직원을 모욕하고 비하하는 비인격적인 악질이라면 단호하게 관계를 끊어버리면 된다.

최고의 크리에이티브 결과를 얻기 위해
클라이언트가 취해야 할 10가지 팁

1. 훌륭한 브리핑을 제공한다.

2. 예산과 일정 등의 제약 조건을 사전에 명확하게 전달한다.

3. 사소한 업무까지 간섭하지 않는다.

4. 창의적이고 새로운 아이디어를 내는 팀을 적극 지원한다
   (모든 아이디어가 현실화되지는 않겠지만 어쨌든 가치 있는 일이다).

5. 명확하고 건설적인 피드백을 제시한다.

6. 전문가를 고용했다는 사실을 명심한다.

7. 체계적으로 업무를 조율함으로써 크리에이티브팀이 시간을 낭비하지
   않게 한다.

8. 업무 관련 연락은 상시 가능하도록 한다.

9. 작업에 직접 참여하고 적극적인 태도를 보인다.

10. 비즈니스 통찰력을 공유한다.

11장

구직과 채용

: 좋은 평판을 만드는 에티켓 배우기

위대한 업적은 위대한 인물이 만든다. B급 직원을 고용하면 B급 결과물을 얻게 되는 것과 같은 이치다. 조직에 훌륭한 인재를 유치하는 일은 어렵지만 그들이 이탈하지 않게 하는 것은 훨씬 더 어렵다. 수많은 에이전시가 성급하게 인재를 고용하는 과정에서 결정적인 실수를 저지른다.

크리에이티브 업계에서 평판이 좋은 에이전시를 예로 들어보자. 그들은 우수한 결과물을 만들어내고, 직원들에게 만족스러운 보수를 제공하고, 훌륭한 조직문화를 갖추고, 일과 삶의 균형도 잘 잡혀 있다. 이처럼 평판이 좋은 에이전시에서도 기본적인 채용 에티켓은 한참 부족한 것이 현실이다.

업계의 중소 규모 에이전시들은 특히 직원을 채용할 때 기본적인 에티켓조차 지키지 않는 것으로 악명 높다. 당장 가치가 없다고 생각되는 제안이나 지원서는 무시하기 일쑤다. 이런 일들이 반복되면 크리에이티브 업계는 이제껏 쌓아온 긍정적인 이미지마저 깎아먹게 된다. 예컨대 인사관리 부서에서 특정 기술을 보유한 인재가 필요할 때에는 모든 채용 절차를 무시하고 사람을 뽑는다. 반면 경험이 부족한 주니어나 인턴이 지원서를 내거나 회사가 원하는 기술을 가진 인재가 아니라면 어떨까? 그들이 답장을 받을 가능성은 희박하다. 한 가지는 명심하자. 누군가 타인을 대하는 방식을 판단하는 척도는 상대에게 원하는 것이 없을 때 어떻게 대응하느냐에 달렸다.

우수한 인재를 채용하거나 훌륭한 직장을 찾는 방법에 대해 완벽한 지침을 제공하는 것은 책의 범위를 넘어선다. 그 방법은 인터넷이라는 멋진 세계를 통해 찾을 수 있다. 여기서는 크리에이티브 업계에서 우수한 인재를 유치하고, 채용하고, 이탈을 방지하기 위해 주목해야 할 핵심 포인트만 짚고 넘어가도록 하겠다.

구직자에 대한 기본적인 에티켓

훌륭한 에이전시는 우수한 결과물을 만들어내고, 직원들에게 만족스러운 보수를 제공하고, 긍정적인 조직문화를 갖추고, 일과 삶의 균형을 유지한다. 이 모든 장점을 단번에 무색하게 만드는 요인이 있다.

바로 열정적인 젊은 크리에이터나 인턴들의 지원서를 제대로 검토하지도 않고 무시해버리는 경우다. 심지어 그럴 의도가 없는 에이전시조차 인식하지 못한 사이 미흡한 대처를 하기도 한다. 그리고 이렇게 변명한다. "우리는 할 일이 너무 많다. 사업은 결국 수익이 최우선이니 클라이언트가 먼저 아닌가?" 명심하자. 크리에이티브 업계는 생각보다 훨씬 좁다. 과거의 잘못된 행동이 언제 화살이 되어 돌아올지 모른다.

아마 대부분의 사람이 경험해봤을 법한 사례를 공유하겠다. 채용을 위한 면접이 원만하게 진행되었고 잠재적인 고용주는 며칠 안에 연

> 훌륭한 에이전시조차
> 인식하지 못한 사이
> 미흡한 대처를 하기도 한다.

락을 준다고 확언했다. 만족스러운 기분으로 귀가한 뒤 회사의 연락을 기다린다. 그런데 일주일이 지나도 연락이 없다. 의아한 당신은 예의 바르게 채용 진행 상황을 묻는 이메일을 보낸다. 감감무소식이다. 또 일주일이 지났다. 전화 한 통조차 없다. 메일을 회신하는 게 그렇게 어려운 일이었던가?

이제 막 대학을 졸업한 디자인 전공생들을 위해 간단한 팁을 주겠다. 지원한 회사에서 바로 답장이 올 거라고 기대하지 말라. 빠른 시일

내에 답장이 올 거라고도 기대하지 말라. 회사에 연락해 귀찮게 하지도 말라. 그렇다고 해서 기다리기를 포기하라는 말은 아니다. 연락이 너무 오래 지체되면 크리에이티브 디렉터나 디자인 디렉터나 인사팀에 다시 한번 개인적으로 이메일을 보내보자. 모든 지원자는 회신을 받을 자격이 있다. 에이전시는 항상 정신없이 돌아가기 때문에 시간이 좀 걸릴지도 모른다. 그럼에도 그들은 모든 지원자들에게 답장을 해야 할 도의적 의무가 있다.

나 역시 비슷한 경험이 있다. 2010년 대학을 졸업한 뒤 첫 인턴십을 찾던 시기였다. 당시 아일랜드에 있는 디자인 회사를 모두 조사했고, 능력을 펼칠 수 있는 20개가량의 에이전시를 선별했다. 엑셀 스프레드시트에 각 에이전시의 연혁, 주소, 직원, 클라이언트, 프로젝트, 수상내역 등을 상세하게 정리했다. 꼼꼼한 회계사들에게 내놓아도 혀를 내두를 정도로 세밀하고 철저한 조사였다. 목록을 완성한 뒤 각 에이전시의 성격에 맞는 지원서와 포트폴리오를 준비했다. 약 4주 동안 그 일에 몰두해 포트폴리오를 완성한 뒤 20개의 에이전시에 지원서와 포트폴리오를 보냈다.

몇 주가 흘렀지만 어떤 에이전시에서도 소식이 없었다. 조심스럽게 진행 절차를 묻는 이메일을 보냈지만 역시나 아무런 연락도 받지 못했다. 그렇게 두 달이 지나고 나는 한 가지 결심을 했다. 어차피 거절당할 거라면 아일랜드의 소규모 에이전시가 아니라, 업계에서 제일 잘 나가는 유명한 에이전시에서 거절당하겠다고 다짐했다.

나는 즉시 아일랜드를 떠났고 다시는 돌아가지 않기로 마음먹었다.

면접을 망치지 않는 기본

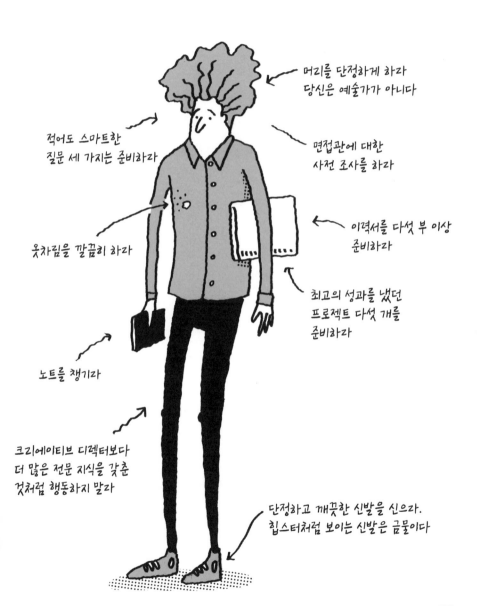

머리를 단정하게 하라
당신은 예술가가 아니다

적어도 스마트한
질문 세 가지는 준비하라

면접관에 대한
사전 조사를 하라

옷차림을 깔끔히 하라

이력서를 다섯 부 이상
준비하라

최고의 성과를 냈던
프로젝트 다섯 개를
준비하라

노트를 챙기라

크리에이티브 디렉터보다
더 많은 전문 지식을 갖춘
것처럼 행동하지 말라

단정하고 깨끗한 신발을 신으라.
힙스터처럼 보이는 신발은 금물이다

먼 훗날 내가 에이전시를 운영하게 되는 날이 오면, 아무리 정신없이 바빠도 모든 지원자의 이메일에 회신할 것을 스스로에게 약속했다. 그리고 지금까지 그때의 약속을 지키고 있다(때로 회신에 시간이 걸릴 때도 있지만 무시한 적은 단 한 번도 없다).

나는 유럽에서 가장 뛰어난 명성을 가진 에이전시 가운데 하나인 베를린의 에덴슈피커만에 지원서를 냈다. 그리고 이틀 후에 인터뷰 제안을 받았다. 몇 년 후 과거에 내 지원서를 무시했던 에이전시에서 나를 채용하기 위해 아첨하는 이메일을 보내왔다. 통쾌한 순간이었다.

나는 베를린의 에덴슈피커만에 남아 디자인 디렉터가 되기 위해 커리어를 쌓기로 결정했다. 과거에 지원했던 아일랜드의 에이전시는 쇠약해져가는 그래픽 디자인 사업을 되살리기 위해 디지털 분야의 책임자를 찾고 있었다. 그들은 내가 무급 인턴을 지원했던 이메일을 여러 차례 무시했다는 사실을 기억하지도 못했다. 우리가 주고받은 이메일은 다음과 같다. (극적인 효과를 위해 메일 내용의 일부를 수정했음을 양해 바란다.)

어차피 거절당할 거라면 아일랜드의 소규모 에이전시가 아니라, 업계에서 제일 잘나가는 유명한 에이전시에서 거절당하겠다고 다짐했다.

기억하자. 당신이 아무리 성공하고 바빠지고 유명해져도 지원자들의 인터뷰 요청 메일에는 반드시 회신해야 한다. 어떤 이유도 변명이 될 수 없다. 언제 어디서 적이 되어 다시 만날지 모른다.

폴 씨에게

안녕하세요. 에덴슈피커만에서 순조롭게 경력을 쌓아가고 있을 거라고 생각합니다. 우리 에이전시에서 디지털 부서의 새로운 책임자를 찾고 있어서 연락을 드렸습니다.

과거에 우리가 폴 씨의 이메일을 수차례 무시했지만 그후 에덴슈피커만에서 자리를 잡게 된 사실은 걱정하지 않으셔도 됩니다. 직책을 제안받을 만한 유능한 분이 되셨으니까요. 아시다시피 악의는 없었습니다. 어떤 의미에서 우린 이미 오랜 친구나 다름없지 않을까요?
제안에 관심이 있으시면 연락 부탁드립니다.

패트릭

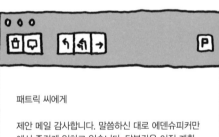

패트릭 씨에게

제안 메일 감사합니다. 말씀하신 대로 에덴슈피커만에서 즐겁게 일하고 있습니다. 당분간은 이직 계획이 전혀 없습니다.

부디 당신 회사가 계속 망해가길 희망합니다. 아일랜드 섬나라에 있는 당신네 사무실이 언젠가 바다에 가라앉기를 바랍니다.

폴

면접 시 눈여겨보야 할 위험 신호

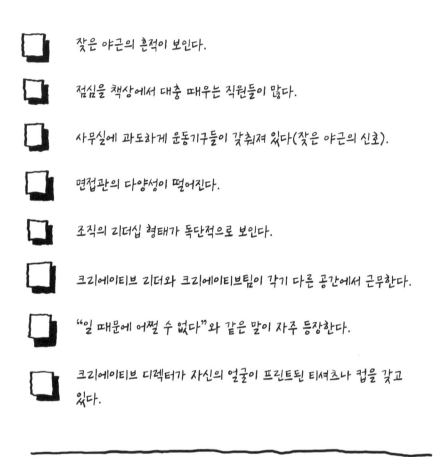

☐ 잦은 야근의 흔적이 보인다.

☐ 점심을 책상에서 대충 때우는 직원들이 많다.

☐ 사무실에 과도하게 운동기구들이 갖춰져 있다(잦은 야근의 신호).

☐ 면접관의 다양성이 떨어진다.

☐ 조직의 리더십 형태가 독단적으로 보인다.

☐ 크리에이티브 리더와 크리에이티브팀이 각기 다른 공간에서 근무한다.

☐ "일 때문에 어쩔 수 없다"와 같은 말이 자주 등장한다.

☐ 크리에이티브 디렉터가 자신의 얼굴이 프린트된 티셔츠나 컵을 갖고 있다.

두 개 이상 체크된다면 입사를 포기하는 것이 좋다.

연봉 협상

크리에이터들은 협상에 서툴다. 자유로운 환경과 훌륭한 동료들과 흥미로운 프로젝트가 결합되면 크리에이터들의 가슴은 요동치기 시작한다. 우수한 인재들은 돈에만 집착하지 않는다. 업계에 첫발을 내딛고 자신만의 포트폴리오를 구축하려는 유능한 지원자들도 마찬가지다.

일부 비양심적인 에이전시들은 연봉 협상 단계에서 그들의 순수함을 이용하려고 한다. '훌륭한 포트폴리오를 만들 수 있는 기회', '흥미로운 브랜딩 작업' 또는 가장 터무니없는 이유인 '업계 최고의 사람들과 일할 수 있는 기회'라는 명목하에 연봉을 후려친다. 전부 헛소리다. 에이전시에서 당신에게 입사를 제안한다면, 경력이 부족하더라도 당당하게 전문가로서 평가받아야 한다. 당신은 그에 상응하는 보수를 받을 자격이 있다.

연봉 협상을 할 때 이용당하는 것은 주니어 직원만이 아니다. 고용주가 취업 비자를 지원하는 외국인 근로자도 업계의 부도덕한 관행에 취약하며 고용주는 그들의 상황을 쉽게 악용한다.

첫째로, 그들은 취업 비자를 '유일한' 보상책으로 내걸며 '싫으면 말고'와 같은 비인격적인 태도를 취한다. 둘째, 자국과 외국의 통화 차이에 대한 무지를 변명거리로 내놓기도 한다. 가령 개발도상국 출신의 크리에이티브 디렉터에게 초봉 5만 달러(약 6천만 원)가 많은 금액처럼 보일 수도 있지만, 현실적인 연봉은 10만 달러(약 1억 2천만 원)를 넘어서는 경우가 많다. 이런 비열한 행동을 일삼는 에이전시들은 부끄러운 줄

좋은 제안? 나쁜 제안?

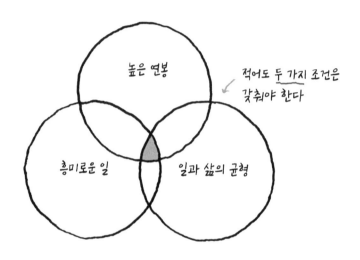

알아야 한다.

내가 처음 미국에서 근무할 때, 외국인 노동자를 공정하게 대우하는 에이전시인 휴즈에서 일하게 된 것은 행운이었다. 안타깝게도 모든 크리에이티브 에이전시가 양심적이지는 않다. 값싼 노동력은 건설 현장뿐 아니라 어느 업계에서든 환영받는다. 내 주변의 많은 외국인 노동자 역시 현지인 직원보다 훨씬 더 적은 급여를 받고 있다.

당신이 누군가를 채용하는 입장이라면, 취약한 위치에 있는 사람들을 절대 함부로 대하지 말라. 공정하게 연봉을 제시하는 것은 기본 에티켓이다. 퓰 디자인의 공동창업자이자 유명한 디자인 디렉터인 마이크 몬테이로(Mike Monteiro)는 "변명은 그만두고 공정한 연봉을 제공하라"고 주장한 바 있다(2011년 3월 21일 몬테이로의 강연 'Fxck you. Pay me').[11] 내 말을 명심하라. 취약한 조건을 가진 직원을 이용해 회사의 이득만 챙긴다는 부정적인 평판을 얻기는 굉장히 쉽다. 안 좋은 소문은 금세 퍼지기 마련이다. 나쁜 평판이 확고해지면 이미지 쇄신은 불가능에 가깝다.

인턴에게 정당한 보수를 지급하라

인턴에게 정당한 노동의 대가를 지불하는 것은 기업의 의무이자 책임이다. 무급으로 노동력을 착취하는 행위는 도둑질이나 다름없다. 인턴은 커피 심부름이나 하려고 존재하는 것이 아니다. 프로젝트 과정 중에 인턴에게 잡다한 업무를 맡기는 경우도 많지만 그렇다고 그들이 무급으로 일해도 된다는 뜻은 아니다.

경력은 부족하지만 인턴은 노련한 전문가도 생각할 수 없는 호기심과 신선한 안목과 무한한 에너지를 갖고 있다. 세계적으로 유수한 많은 에이전시가 인턴과 수습 직원을 위한 프로그램을 운영한다. 그들이 에이전시의 분위

> 경력은 부족하지만 인턴은 노련한 전문가도 생각할 수 없는 호기심과 신선한 안목과 무한한 에너지를 갖고 있다.

기를 더 젊고 신선하게 바꾸기 때문이다. 때로 인턴이 직원보다 최신 트렌드나 기술에 더 앞서는 경우도 많다. 정당한 보수를 제공할 수 없다면 인턴을 고용하지 말라.

인턴 에티켓

해야 할 것

하지 말아야 할 것

실질적인 배움의 기회가
될 수 있는 프로젝트 제공

고양이 스톡이미지 검색

단순 반복 업무 지시

멘토 배정

야근 강요

정당한 노동의 대가 지불

엿 먹어!

커피 심부름

12장

퇴사와 해고

: '잘' 헤어지기 위한 실용적 가이드

크리에이티브 업계는 생각보다 훨씬 좁다. 악감정을 품고 헤어진 사람과 언제 어디서 다시 만날지 모른다. 업계에서 계속 경력을 쌓아가다 보면 과거에는 하찮게 생각했던 사람들을 불가피하게 다시 만나게 된다. 그리고 다시 만날 때 누가 갑의 입장에 서게 될 지는 모를 일이다. 슈퍼마리오 브라더스 게임의 바우저를 기억하는가? 바우저가 없어졌다고 생각할 때마다 그는 다시 모습을 드러낸다. 한 가지 달라졌다면 이제 불덩이를 던지며 등장한다는 점이다. 당신이 오늘 해고하는 사람은 미래의 어느 시점에든 당신의 상사나 클라이언트가 될 수 있다.

나 역시 크리에이티브 업계에서 일어나는 우연한 인연의 연속을 직접 경험했다. 2016년 전 직장 에덴슈피커만에서 나에게 최고 크리에이티브 책임자(Chief Creative Officer, CCO) 직책을 제안했다. 과거에 에덴슈피커만의 베를린 오피스에서 근무했지만, 뉴욕의 새로운 직장으로 이직하기 위해 회사를 그만두었다. 내가 부정적인 이미지를 남기고 에덴슈피커만을 퇴사했다면 회사가 다시 내게 중책을 제안하지는 않았을 것이다.

더블린에서 첫 인턴십을 했던 디자인 에이전시의 상사에게도 큰 도움을 받았다. 그는 내가 미국에서 취업할 때 비자를 받을 수 있도록 추천서를 써주었다. 인턴십을 하며 원만한 관계를 유지하지 않았다면 추천서나 비자는 받을 수 없었을 것이다.

점점 더 많은 크리에이터가 인하우스 직군으로 이동하면서 에이전시와 인하우스 사이의 인력 흐름은 어느 때보다 유동적으로 변모했다. 예컨대 내가 뉴욕의 에이전시에서 함께 일했던 동료는 현재 대형 테크 기업의 디자인 디렉터가 되었다. 에덴슈피커만의 베를린 오피스에서 일했던 인턴이 로스앤젤레스 오피스의 주요 클라이언트가 된 사례도 있다. 그 인턴은 에덴슈피커만에서의 좋은 경험을 계기로 회사에 대형 프로젝트를 의뢰했다. 그 밖에도 비슷한 사례는 많다.

직업상으로 만난 관계는 업계를 떠나지 않는 한 계속 연결되어 있다고 봐도 무방하다. 입장이 뒤바뀌거나 또 다른 형태로 언제든 다시 만나게 된다. 기억하자. 뿌린 대로 거두는 법이다.

이별은 어렵다

자진 퇴사든 해고든 정든 동료와의 이별은 항상 어렵다. 갑작스런 퇴사 소식은 함께 일하던 팀원들이 배신감을 느끼는 계기가 되기도 한다. 크리에이터들의 변덕스러운 기질(최고의 크리에이터들은 불안정한 성향을 가진 경우가 많다)은 상대에 대한 실망감으로 이어지며 실제로 드라마 같

세상은 생각보다 훨씬 좁다

불편한 관계로 헤어지기엔 크리에이티브 업계는 너무 좁다.
내가 과거에 근무했던 다섯 개 직장이 현재에
미친 영향을 살펴보자.

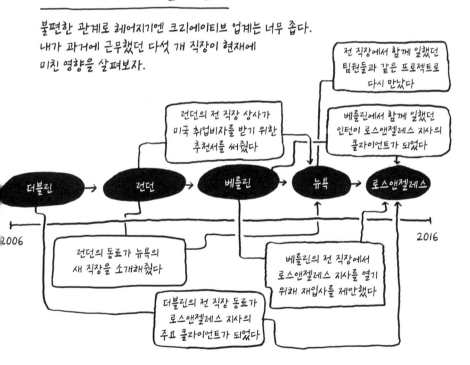

은 일이 벌어지기도 한다. 몇 년 전에 내가 에이전시를 그만둘 때 직접 겪었던 일화를 소개하겠다. 유럽에서 일할 당시 유능한 동료와 오랜 기간 함께한 적이 있다. 그를 토미라고 불러보겠다.

수년 동안 토미와 나는 화장지 신규 브랜드 이미지 구축부터 애플리케이션 브랜딩 등 수십 개의 프로젝트를 함께 진행했다. 내가 지금껏 만든 최고의 작품들 가운데 일부는 그 친구와의 협업으로 완성됐다. 거의 매일 저녁 6시 정각이면 우리는 책상에서 캔 맥주를 함께 들이켰고, 프로젝트의 장애물이나 비정상적인 클라이언트의 요구를 주제로 열띤 토론을 벌이곤 했다. 현실적으로 불가능한 마감 기한을 지키느라 수많은 야근으로 함께 밤을 지새웠다. 사실 내가 에이전시를 떠날 결심을 했을 때 가장 우려한 것은 동료의 정신적인 충격이었다.

비 오는 어느 금요일 밤에 나는 우리가 가장 좋아하는 바에서 토미에게 새로운 직장을 구했다는 소식을 전했다. 내 말을 들은 그는 알 수 없는 표정으로 한동안 나를 멍하게 응시했다. 몇 초간 정적이 흘렀다. 사람들이 넘쳐나는 시끌벅적한 바였지만 그 순간만큼은 온 세상이 멈춘 것 같았다. 영화 〈매트릭스〉에서 공중에 떠 있는 주인공과 악당을 제외한 모든 배경이 얼어붙는 장면 같았다.

토미는 갑자기 고개를 치켜들더니 나를 쳐다보며 비명을 내질렀다.

직업상으로 만난 관계는 업계를 떠나지 않는 한 계속 연결되어 있다고 봐도 무방하다. 입장이 뒤바뀌거나 또 다른 형태로 언제든 다시 만나게 된다.

"말도 안 돼!!! 그럴 순 없어! 안 돼!!!!!!!!"그러고선 곧장 바를 나가버렸지만 당장이라도 돌아와 나를 맨손으로 때려눕힐 것만 같았다. 세월이 지난 지금 우리는 그때를 회상하며 우스갯소리를 나누지만, 사실 함께 일했던 동료를 떠나는 것은 애인과 헤어지는 것과 다름없다. 그만큼 힘든 일이다.

멋진 동료들과 함께 일했던 경험이 있다면 팀원들 간의 긴밀한 유대감은 이해할 만하다. 그들은 비정상적인 회사생활을 함께 견뎌낸 전우다. 똘똘 뭉쳐서 불가능한 마감 기한, 깐깐한 클라이언트, 자의식 넘치는 크리에이티브 디렉터들에게 대항하는 한 팀인 것이다. 훌륭한 아이디어를 성공적으로 판매하는 성취감을 함께 경험했고, 법무팀이 퇴짜 놓은 아이디어를 떠나보내며 함께 애도했다. 파트너나 자녀들보다 더 많은 시간을 동료들과 보냈다. 집 밖을 벗어나면 크리에이티브팀이 가족이나 마찬가지다. 이별은 언제나 어려울 수밖에 없지만 상황을 개선하는 방법은 존재한다.

후회 없이 퇴사하고 싶다면

퇴직을 결심했다고 가정해보자. 매주 주말 근무와 야근을 고집하는 자기중심적인 크리에이티브 디렉터에게 완전히 질려버렸다. 직접 에이전시를 창업하고 싶을 수도 있고, 다른 도시로 이사를 가야 해서 회사를 그만둬야 할 수도 있다. 이유가 무엇이든 퇴직을 할 때는 항상 전문가답게 우호적인 태도로 회사를 떠나야 한다.

남은 팀에게 지속적인 업무 지원(인수인계)을 제공하라
내가 베를린의 에덴슈피커만을 퇴사했을 때, 나는 새로운 리더가 입사

해 적응하는 몇 주 동안 남은 팀에게 지속적으로 업무 지원을 제공했다. 이미 새로운 직장에서 일을 시작한 상태였지만, 어쨌든 순조로운 인수인계에 대한 책임은 나에게 있다고 생각했다.

공식적인 퇴사 공지 전에 팀원들에게 미리 소식을 알리라

누구나 아는 사실처럼 들릴지 모르지만, 실제로 많은 크리에이터들이 이런 기본적인 예의를 지키지 않는다. 전 직장에는 당신이 담당하는 전문 분야가 있다. 그 방면에 관해서는 모든 이가 어느 정도 당신에게 의존하고 있다는 점을 명심하자. 나는 무려 8주 전에 퇴사 의사를 밝힌 적도 있다. 원활한 업무 인계와 직원들을 배려해서다. 직원들이 스스로 존중받고 있다고 느끼는 조직 환경이 형성되어야만 가능한 일이다.

모든 팀원에게 감사 인사를 전하라

묻기 전에 미리 알려주겠다. 자의식으로 가득 찬 크리에이티브 디렉터라고 해도 감사 인사는 빼놓지 말자. 사람 일은 어떻게 될지 모른다. 그들의 장점을 찾아 칭찬하고 감사를 표하자.

전 직장을 폄하하지 말라

나는 전 직장에서 겪었던 긍정적인 일화를 기사로 쓰거나 소셜 미디어에 주기적으로 업데이트하곤 한다(경쟁자들인데도 말이다). 당신이 전 직장에 안 좋은 감정을 갖고 있더라도 폄하하는 일은 피해야 한다.

직원들이 잡음 없이 원만하게 퇴사하기를 바란다면, 고용주 역시 해야 할 역할이 있다. 때로 직원들의 역량이 당신을 능가할 수도 있다는

개미지옥에 빠진 크리에이터를 위한 회사생활 안내서

점을 인정하는 것이다. 크리에이터들 더 성장하고 발전하기 위해 여러 회사를 다녀보며 다채로운 경험을 쌓아야 한다. 나는 크리에이터가 한 직장에서 평균 3년을 넘기지 않는 것이 좋다고 생각한다. 특히 주니어는 같은 에이전시에서 3년을 넘기지 않기를 바란다. 처음 경력을 시작할 때는 한 직장에서 배울 점이 많지만, 그다음부터는 계속 새로운 시도를 하면서 성장해가야 한다.

인재를 떠나보내는 것이 회사 입장에서는 힘들더라도 고용주들은 멘토로서 후배들의 가능성과 성장의 길을 너그럽게 열어주는 아량이 필요하다. 실망감을 보이지 말고 그동안 보여준 그들의 노력과 성과에 감사하고 성공을 빌어주자.

해고를 해야 한다면

회사를 운영하다 보면 해고가 불가피한 경우가 발생한다. 상황과 절차에 문제가 없다면 해고를 감행하는 결단력은 리더에게 꼭 필요한 자질이다. 정당한 이유로 누군가를 해고한다면 죄책감을 느끼거나 주저할 필요가 없다. 크리에이티브 산업도 수익을 목적으로 하는 비즈니스다. 해고를 할 때 주관적이거나 악의적인 감정이 개입되어서는 안 된다.

원인이 어떻든 간에 해고당하는 일은 누구에게나 굴욕적이다. 더욱이 일반 사람들보다 기질상 더 예민한 크리에이터들은 감정적으로 쉽게 무너지는 경향이 있다. 이럴 때 상대에 대한 진지하고 건설적인 피드

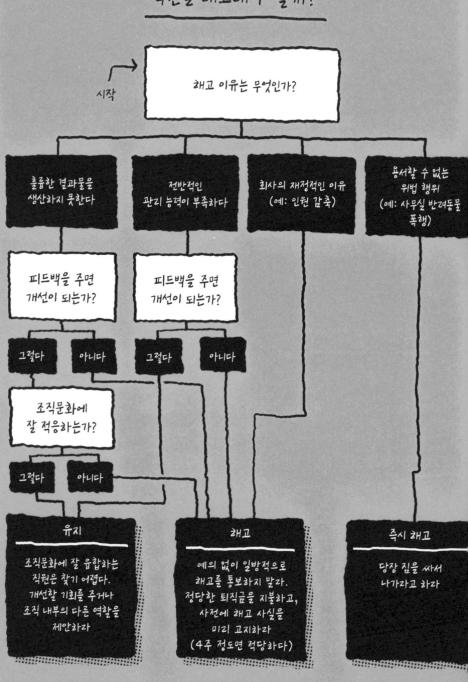

직원을 해고해야 할까?

시작

해고 이유는 무엇인가?

- 훌륭한 결과물을 생산하지 못한다
- 전반적인 관리 능력이 부족하다
- 회사의 재정적인 이유 (예: 인원 감축)
- 용서할 수 없는 위법 행위 (예: 사무실 반려동물 폭행)

피드백을 주면 개선이 되는가?
- 그렇다
- 아니다

피드백을 주면 개선이 되는가?
- 그렇다
- 아니다

조직문화에 잘 적응하는가?
- 그렇다
- 아니다

유지

조직문화에 잘 융합하는 직원은 찾기 어렵다. 개선할 기회를 주거나 조직 내부의 다른 역할을 제안하라

해고

예의 없이 일방적으로 해고를 통보하지 말라. 정당한 퇴직금을 지불하고, 사전에 해고 사실을 미리 고지하라 (4주 정도면 적당하다)

즉시 해고

당장 짐을 싸서 나가고 하라

백은 큰 도움이 된다. 그동안의 노력과 성과에 감사함을 전하고, 그들의 강점을 알려주고, 퇴사는 끝이 아니라 다음 단계로 도약하는 기회라는 사실을 일러두라.

직원이 위법적인 일을 벌이지 않은 한 추천서와 합당한 퇴직금을 제공하고 상호 협의하에 퇴사 기간을 적절하게 조율하자. 직원을 해고하기 전에는 다음과 같은 원칙을 따라야 한다.

변화를 위한 기회를 제공하라

해고를 염두에 둔 직원이 조직문화에 잘 융화하고 개선의 여지가 있는 사람이라고 판단되면 변화를 위한 기회를 제공한다. 가시적인 개선을 드러낼 만한 특정 목표를 성취할 기회를 주는 것이다. 단 기한(예: 30일)을 정해두는 편이 좋다. 당사자는 기간 내에 해고 사유로 판단되는 약점들을 긍정적인 방향으로 변화시켜야 한다. 예를 들어 이제껏 마감 기한을 잘 지키지 못했다면 30일의 관찰 기간 동안 향상된 시간 관리 기술을 보여주는 것이 초점이 된다.

그들에게 적합한 다른 업무는 없을까?

훌륭한 인격을 갖춘 성실한 직원이라면 해고하기 전에 그들에게 적합한 다른 업무가 있는지 찾아보자. 내 경험상 이 시도는 매우 성공적이었다. 몇 년 전 내가 고용했던 디자이너 한 명은 시각 디자인 작업에는 형편없는 실력을 보였지만 전략팀으로 부서를 옮기자 훌륭한 전략가로 인정받았다. 내가 아는 한 카피라이터는 카피라이터로서의 재능은 부족했지만 편집 부서에서 일할 기회가 주어지자 뛰어난 재능을 보인 적도 있다.

바람직한 해고 절차

누군가를 해고하는 일은 결코 쉽지 않지만 상황이 불가피하다면 항상 정중하고 단호한 태도로 진행해야 한다. 무엇보다 중요한 것은 시의적 절한 절차를 따르는 것이다. 해고를 할 때는 단순히 퇴직금을 제공하는 것 이상의 절차가 필요하다. 해고와 관련해서는 다음 원칙을 기억하자.

질질 끌지 말라

직감은 좀처럼 거짓말을 하지 않는다. 과거에 내가 직원을 해고해야 했을 때 피드백과 멘토링을 통해 바뀌지 않을까 하는 헛된 기대감을 품고 일을 질질 끈 적이 있다. 하지만 그들은 변하지 않았다. 어쩌면 직원이 다른 곳에서 자신의 능력을 발휘할 수 있는 기회를 회사가 막고 있는 건 아닐까? 만일 그렇다면 회사나 직원 모두에게 불공평한 일이다. 누군가 업무에 적합하지 않다는 사실을 깨달으면 바로 그들을 놓아주길 바란다. 해고 이전에 실수를 만회할 기회는 주어져야 한다. 하지만 그후에도 변화가 없다면 해고를 주저하지 말자. 시간이 흐르면 본인의 적성에 맞는 업무를 찾고 당신에게 고마워할 날이 올지도 모른다.

새로운 직장을 찾을 시간을 제공하라

이 일만큼은 정해진 원칙을 운운하지 말라. 특히 직원에게 부양할 가족이 있다면 회사 방침을 엄격하게 따르기보다는 충분한 시간을 부여하자. 몇 주 급여가 더 나가더라도 직원을 배려하는 것이 우선이다.

새로운 직장을 찾을 수 있도록 지원하라

회사의 재정적 문제로 인원 감축이 불가피하고, 충성스러운 직원까지 해고해야 할 상황이 올지도 모른다. 당신의 네트워크를 총동원해서라도 그들에게 새로운 직장을 소개하자.

훌륭한 추천서를 제공하라

회사의 집기를 훔쳤거나 클라이언트와의 기밀유지 협약을 어겼거나 사무실에서 키우는 반려동물을 죽이지 않았다면 추천서 제공은 필수다. 그들의 능력을 평가할 수 있을 만큼 적당한 기간 동안 함께 근무했다면 추천서는 꼭 제공해야 한다.

해고 후 후유증 관리하기

갑작스럽게 누군가 회사를 떠나거나 해고를 당하면 남은 직원들은 정신적 충격을 받는다. 중대형 에이전시에서 일한 경험이 있다면 '모세(Moses) 효과'를 경험해본 적이 있을 것이다. 한두 명의 조직 이탈이 결국 대규모 직원 이탈로 이어지는 현상을 말한다. 이런 일을 피하려면 조직 개편이나 해고는 언제나 신중하게 접근해야 한다.

13장

크리에이티브 리더

: 진정한 크리에이티브 리더가 가야할 길

크리에이티브팀에는 반드시 일을 주도하는 리더가 필요하다. 민주적으로만 운영해서는 좋은 결과를 얻지 못한다. 크리에이티브 업계에서 성공하기 위한 핵심 요소는 간단하다. 전무후무한 훌륭한 결과물을 만들면 된다. 단순히 인기 있는 회사가 되는 것과는 차원이 다르다. 불만을 품은 직원까지 품고 가려는 너그러움보다 훨씬 중요한 것이 바로 뛰어난 성과다.

훌륭한 작품을 만들어내려면 팀원에게 욕먹는 상사가 될 각오쯤은 해야 한다. 필요할 때 냉정해지지 못하면 일도 힘들어지고, 클라이언트도 잃고, 돈도 잃고, 결국 직원도 내보내야 하는 상황이 올지도 모른다. 그런 상황이 오면 진짜 무능력한 리더로 전락하는 것이다.

유능한 인재를 유치하려면 직원 개개인이 역량을 발휘할 수 있는 업무 환경이 우선이다. 서로에게 동기 부여를 하고, 노력하고, 배워가는 건전한 경쟁이 필요하다. 젊은 크리에이터에게 동료가 미치는 영향은

성공은 냉정한 의사 결정에 달렸다

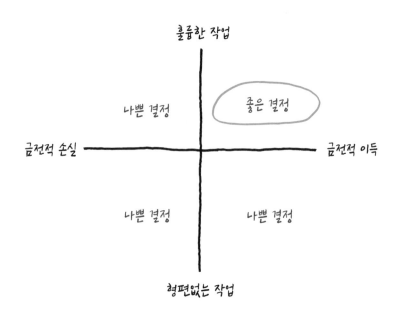

개미지옥에 빠진 크리에이터를 위한 회사생활 안내서

생각보다 훨씬 크다. 상사보다 동료에게서 더 많은 것을 배우기도 한다. 조직에 훌륭한 인재가 많으면 좋은 성과뿐 아니라 내부 구성원의 학습 효과도 얻게 된다. 결국 에이전시의 전반적인 퀄리티가 증대되는 효과를 기대할 수 있다.

필요할 때 냉정한 태도를 유지하는 것은 성공에 매우 중요한 역할을 한다. 에덴슈피커만의 산타모니카 오피스가 급속하게 성장하면서 우리는 로스앤젤레스 오피스를 이전해야 했다. 다운타운으로 옮기면 길어진 통근 시간 때문에 웨스트사이드 지역 인근에 사는 직원들의 불만이 높아질 것이었다. 에이전시가 급속도로 성장하고 있었기에, 우리는 사업의 성장과 브랜드 포지셔닝(로스앤젤레스 다운타운 지역이 빠른 속도로 크리에이티브 산업의 허브가 되어가고 있었다)을 위해 다운타운이 최선의 선택임을 알고 있었다. 당시에는 직원들의 불만이 자자했고 우리를 향한 원망도 많았다. 하지만 새로운 곳에서 일주일이 지나자 직원들은 점차 우리가 내린 결정이 최선이었음을 깨닫게 되었다.

때로는 냉정한 태도로 회사를 위한 올바른 선택을 내려야 할 때도 있음을 잊지 말자. 마지막으로 크리에이티브 업계에서 성공적인 리더가 되려면 어떤 태도가 필요한지 살펴보자.

완벽주의자가 되라

에덴슈피커만에서 일하는 동안 우리는 모든 팀이 자율성과 의사 결정

권한을 갖는 업무 환경을 구축했다. 나는 리더로서 외부로 나가는 모든 주요 업무의 결과를 상세하게 파악하고 있었다. 그 이유는 다음과 같다.

첫째, 조직의 리더라면 개별 프로젝트의 진행 상황을 정확하게 인지하고, 작업물이 혁신적인지 기준에 부합하는지를 점검해야 한다. 크리에이티브팀의 성공적인 리더가 되려면 팀 내에서 돌아가는 모든 일을 체계적으로 파악할 줄 알아야 한다. 가령 어떤 클라이언트를 좀 더 신경 써야 하는지, 주니어 직원 선에서 관리할 수 있는 클라이언트는 누구인지, 선임 직원의 관리가 필수인 클라이언트는 누구인지를 파악해야 한다는 말이다. 둘째, 팀원들과 최대한 자주 소통하기 위해서다. 경험상 팀원과 적극적으로 소통하는 리더는 모든 일을 팀원에게 미루는 리더보다 훨씬 더 존경받는다. 은둔 성향의 리더는 결국 쉽게 잊히고 성공적인 리더로 자리매김하는 데 실패한다.

사소한 일까지 간섭하지는 말라

유능한 사람을 고용하는 데는 합당한 이유가 있다. 직원을 신뢰하고 업무를 맡기라. 어쩌면 그들에게 리더를 능가하는 재능이 있을지도 모른다. 동기 부여가 되는 기회와 도전을 부여하고, 상황에 따라 어느 정도 밀어붙이는 압박도 필요하다. 하지만 개개인의 능력을 자의적으로 판단해 사사건건 간섭하는 일은 피해야 한다.

팀원들이 원치 않아도 밀어붙여야 하는 이유

위대한 크리에이티브 결과물을 생산하는 마법 같은 건 없다. 비법은 최선을 다해 열심히 일하는 것뿐이다. 반복하고 또 반복하는 과정을 통해 실력을 쌓는 것이다. 성공을 향한 지름길은 없다.

아트 디렉터, 디자인 디렉터, 크리에이티브 디렉터 등 팀의 리더를 맡고 있다면 팀원이 최고의 성과를 낼 수 있도록 밀어붙이고 또 밀어붙여야 한다. 모든 크리에이터가 지닌 원대한 목표의 끝에는 훌륭한 작품이 있다. 리더로서 팀원이 가진 능력을 최대치로 끌어낼 수 있도록 자극을 주지 못한다면 결국 무능력함을 증명하는 셈이다. 팀원의 포트폴리오가 당신의 자질을 증명한다. 그들의 경력이 가치 없는 결과물로 채워진다면 무슨 의미가 있을까?

최고의 결과는 적당한 압박에서 나온다

지속 가능한 작업(긍정적)과 태만한 태도(부정적) 사이에는 큰 차이가 있다. 크리에이터에게는 평소에 꾸준히 업무를 수행하는 성실함도 중요하지만 때에 따라 전력을 다해 노력하는 의지도 빼놓을 수 없는 필수 요소다. 그들은 적당한 압박을 느낄 때 작업에 더 집중하고 좋은 결과를 낸다. 내가 뉴욕에서 근무했던 에이전시는 항상 압박적인 분위기에서 돌아갔다. 빡빡한 프로젝트 일정표와 크리에이터의 열기로 가득 찬 사무실에서 늘 최고의 결과물이 만들어졌다.

디자인 작업은 민주적일 수 없다

모든 일에는 책임자와 비전이 필요하다. 민주적인 리더십은 크리에이티브 업계에서 불가능한 형태다. 디자인 작업에는 한 명의 리더와 목표를 향한 명확한 비전이 반드시 있어야 한다. 팀원의 다양한 의견이 오가는 것은 환영할 일이지만 결정은 리더가 내린다.

능력 부족이라면 해고가 답이 될 수 있다

불편한 진실이지만 어떤 크리에이터는 아무리 노력해도 훌륭한 작품을 만들어낼 능력이 부족한 것이 현실이다. 그들은 팀 프로젝트에서 미미한 역할을 담당한 이력으로 포트폴리오를 화려하게 꾸며서 유명한 에이전시로 입사한다. 안목 있는 리더라면 이런 사람을 찾아내는 법을 익혀야 한다. 그들을 적합한 다른 부서로 옮기거나 해고해야 한다. 경험상 실질적인 업무 능력이 부족한 크리에이터도 여전히 에이전시에서 중요한 역할을 할 수 있다. 디자인 실무에는 부족한 실력이지만, 디자인에 대한 전문 지식을 토대로 훌륭한 조사자나 콘텐츠 전략가가 될 수 있는 것처럼 말이다.

잔인할 정도로 솔직할 것

나는 거의 5년간 독일에서 일하며 많은 독일인을 직접 겪었다. 내가 독일인(그리고 북유럽인)에게 느낀 가장 존경스러웠던 점은 그들의 확고하고 냉정한 태도다. 그들은 일이 잘못되거나 마음에 들지 않으면 직설적으로 의견을 전달한다. 때로는 잔인할 정도로 솔직하다. 독일인과 처음 일하게 되면 그들의 냉정함이 다소 거슬릴 수 있다(독일 출신 CEO에게 피드백을 받은 미국인 직원 다수가 격한 감정 변화를 겪는 장면을 보았다).

솔직한 피드백을 통해 작업 방향을 바로잡고 자신의 부족함을 정확하게 파악하는 것은 커다란 장점이다. 그러니 헛소리로 시간을 낭비하지 말자. 사람들이 듣고 싶어 하는 말을 하지 말고 당신이 전하고자 하는 바를 분명하게 표현하라. 직접적이고 솔직한 견해는 언제나 우선되어야 한다.

좋은 결정	나쁜 결정
장기적으로 선호됨	단기적으로 선호됨
수익	손해
더 나은 결과	더 형편없는 결과
객관성을 근거로 판단	개인적인 견해를 근거로 판단
직감을 따름	타인의 판단에 따름
빠른 결정	지지부진한 결정

'처음부터 다시!'를 두려워하지 말라

팀원들이 오랜 기간 작업해온 프로젝트를 전부 뒤집고 다시 시작하라고 요구하는 것은 리더로서 어쩌면 가장 어려운(가장 인기 없는) 일이다. 때로 이런 요구는 뛰어난 작품을 만들기 위한 불가피한 과정이다. 몇 주간 작업한 흔해 빠진 결과물을 포기하지 못하고 재차 수정해봤자 소용없는 일이다.

몇 년 전 팀원들과 함께 뉴욕 타임스퀘어에 생방송이 예정된 대형 캠페인 프로젝트에 투입된 적이 있다. 거의 2주 만에 우리는 50가지에 달하는 버전의 다양한 결과물을 만들었

> 결과물이 만족스럽지 않다면 처음부터 다시 시작하라. 그만한 가치가 있을 것이다.

다. 결과물들은 대체로 괜찮은 수준이었지만, 어느 것 하나 대단히 훌륭하거나 수상할 만한 작품은 없었다. 프로젝트 마감일 전날에 나온 결과였다. 우리는 모두 지쳐 있었고, 다음 날 프레젠테이션을 위해 '다수의 별 볼 일 없는 선택지들 가운데 그나마 나은 대안'을 결정해야 했다.

발표 전날 저녁 6시, 크리에이티브 디렉터는 사무실로 들어와 결과물을 보고받은 뒤 냉랭한 어조로 전부 다시 시작하라고 지시했다. 그 말을 듣고 모두가 살인충동을 느꼈을 지경이었다. 하지만 그날 밤 11시에 우리는 결국 최고의 해결책을 찾았다. 리더의 대담한 결정이 옳았던 것이다. 핵심은 간단하다. 결과물이 만족스럽지 않다면 처음부터 다시 시작하라. 그만한 가치가 있을 것이다.

크리에이티브 리더를 위한 선언문

1. 과도한 자의식을 버린다.

2. 팀원과 클라이언트를 신뢰하고, 존중하고, 정직하게 대한다.

3. 개개인의 능력을 인정하고 공정하게 평가한다.

4. 직원에게 일을 믿고 맡기며 사사건건 간섭하지 않는다.

5. 시간만 낭비하는 회의는 취소한다.

6. 프로젝트를 시작하기 전에 적절한 브리핑을 작성한다.

7. 명확하고 건설적인 피드백을 제공한다.

8. 직접 프로젝트에 참여한 사람이 프레젠테이션을 진행하게 한다.

9. 불필요한 야근이나 주말 근무를 지양한다.

10. 모든 입사 지원서에 답변한다.

11. 해고를 할 때는 공정하고 신중한 태도를 취한다.

12. 다양하고 포괄적인 조직문화를 형성하기 위해 노력한다.

13. 인턴들에게는 정당한 보수를 제공한다.

이 종이를 잘라서 책상 앞에 붙여두자

감사의 글

이 책의 아이디어는 업계 사람들과 크리에이티브 산업에서 야근은 불가피한지에 관한 열띤 논쟁 끝에 나왔다. 2015년 베를린을 떠나 뉴욕에 자리를 잡은 후, 나는 거의 2년 동안 같은 주제로 고민을 이어갔다. 그리고 2017년 3월 드디어 빅베어레이크의 조용한 시골집에서 글을 써 내려가기 시작했다. 책에는 크리에이티브 업계에서 통용되었으면 하는 상식적인 원칙과 기준을 담았다. 획기적이거나 독창적이진 않지만 크리에이티브 업계에서 일하고 있다면 충분히 공감할 만한 내용들이다.

집필에 가장 큰 영향을 준 사람은 베를린에서 함께 일했던 에릭 슈피커만이다. 운 좋게도 커리어를 시작한 초창기에 에덴슈피커만에서 에릭과 함께 일하는 행운을 얻었다. 그리고 인턴으로 시작해 회사의 최고 크리에이티브 책임자 자리까지 오르게 되었다. 에릭의 합리적인 사고방식과 인격적인 조직문화를 중요시하는 태도는 지난 몇 년간 내 조직 생활 전반에 걸쳐 긍정적인 영향을 미쳤다. 그 점에 관해 에릭에게 다시 한번 감사를 표하고 싶다.

마지막으로 소중한 아내 노라에게 고마움을 전한다. 바삐 돌아가는 크리에이티브 업계에서 내 삶의 원동력이 되어준 아내가 없었다면 이 책이 출간될 일은 없었을 것이다. 아내는 장황하고 일관성 없는 내 아이디어들을 논리 있게 구성할 수 있도록 힘을 불어넣어 주었다.

부디 독자 여러분이 내 글을 읽는 데 불편함이 없었기를 바란다.

주

1. https://www.smartinsights.com/internet-advertising/internet-advertising-analytics/display-advertising-clickthrough-rates/

2. https://www.cnbc.com/2016/12/19/donald-trump-hiring-people-smarter-than-you-is-a-mistake.html

3. https://www.designweek.co.uk/issues/20-26-march-2017/research-reveals-70-clients-would-expect-designers-free-pitch

4. http://www.aiga.org/position-spec-work

5. https://www.nospec.com

6. www.edenspiekermann.com/manifesto

7. http://www.bbc.com/news/business-34677949

8. https://www.inc.com/melanie-curtin/in-an-8-hour-day-the-average-worker-is-productive-for-this-many-hours.html

9. http://www.agilenutshell.com

10. https://www.davidairey.com/linds-redding-perspective

11. https://www.youtube.com/watch?v=jVkLVRt6c1U